Christoph Martin Wieland

C. M. Wielands Sämtliche Werke

23. Band: Oberon VII. - XII.Gesang

Christoph Martin Wieland

C. M. Wielands Sämtliche Werke
23. Band: Oberon VII. - XII.Gesang

ISBN/EAN: 9783743672024

Hergestellt in Europa, USA, Kanada, Australien, Japan

Cover: Foto ©Thomas Meinert / pixelio.de

Weitere Bücher finden Sie auf **www.hansebooks.com**

C. M. WIELANDS

SÄMMTLICHE WERKE

DREY UND ZWANZIGSTER BAND

OBERON

VII. — XII. GESANG.

LEIPZIG
BEY GEORG JOACHIM GÖSCHEN. 1796.

SIEBENTER GESANG.

1.

Inzwischen ward, nach sieben heitern Tagen,
Das liebenswürd'ge Heldenpaar,
Dem jedes Element durch Oberon günstig
       war,
Ans Ufer von Lepanto hingetragen.
Hier lagen, wie Herr Hüon gleich vernimmt,
Zwey leicht geflügelte Pinassen segelfertig,
Die eine nach Marsiliens Port bestimmt,
Die andre Reisender nach Napoli gewärtig.

2.

Der junge Herr, des Alten Wachsamkeit
Und Mentorblicks ein wenig überdrüssig,
Ist über diesen Dienst des Zufalls sehr erfreut
Und ungesäumt ihn zu benutzen schlüssig.
Freund, spricht er, Jahr und Tag geht noch
vielleicht dahin,
Eh' mir's gelegen ist mich in Paris zu zeigen:
Du weifst dafs ich vorerst nach Rom versprochen bin,
Und dieser Pflicht mufs jede andre schweigen.

3.

Indessen liegt mir ob, den Kaiser sehn zu
lassen,
Dafs ich mein Wort erfüllt. Du bist mein
Lehensmann,
Vollbringe du für mich, was ich nicht selber
kann;
Besteige flugs die eine der Pinassen,
Die nach Marseille steu'rt; dann eile sonder
Rast
Nach Hof, und übergieb, den Kaiser zu versöhnen,

Diefs Kästchen mit des Sultans Bart und Zähnen,
Und sag' ihm an, was du gesehen hast:

4.

Und dafs, so bald ich erst des heil'gen Vaters
Segen
Zu Rom gehohlt, mich nichts verhindern soll,
Die Sultanstochter auch zu Füfsen ihm zu legen.
Fahr wohl, mein alter Freund! der Wind bläst
stark und voll,
Die Anker werden schon gelichtet,
Glück auf die Reis', und, hast du mein Geschäft
verrichtet,
So komm und suche mich zu Rom im
Lateran;
Wer weifs, wir langen dort vielleicht zusam-
men an.

5.

Der treue Alte sieht dem Prinzen in die
Augen,
Wiegt seinen grauen Kopf, und nähme gar zu
gern
Die Freyheit, seinen jungen Herrn

Mit etwas scharfem Salz für diese List zu
    laugen.
Doch hält er sich. Das Kästchen, meint er
    zwar,
Hätt' ohne Übelstand noch immer warten
    mögen,
Bis Hüon selbst im Stande war
Dem Kaiser in Person die Rechnung abzulegen.

6.

Indessen da sein Fürst und Freund darauf
    beharrt,
Was kann er thun als sich zum Abschied anzu-
    schicken?
Er küfst Amandens Hand, umarmt mit
    nassen Blicken
Den werthen Fürstensohn, den seine Gegen-
    wart
Noch kaum erfreute, nun begann zu drücken,
Und Thränen tröpfeln ihm in seinen grauen
    Bart.
Herr, ruft er, bester Herr, Gott lafs' euch's
    wohl ergehen,
Und mögen wir uns bald und fröhlich wie-
    dersehen!

7.

Dem Ritter schlug sein Herz, da zwischen seinem Freund
Und ihm die offne See stets weiter sich verbreitet.
Was that ich! ach! wozu hat Raschheit mich verleitet!
Wo hat mit seinem Herrn ein Mann es je gemeint
Wie dieser Mann? Wie hielt er in Gefahren
So treulich bey mir aus! O dafs ich es zu spät
Bedacht! Wer hilft mir nun wenn mir der Rath entgeht?
Und wer in Zukunft wird mich vor mir selbst bewahren?

8.

So ruft er heimlich aus, und schwört sich selber nun
Und schwört es Oberon, (von dem er, ungesehen,
Um seine Stirn das leise geist'ge Wehen
Zu fühlen glaubt) sein äufserstes zu thun
Im Kampf der Lieb' und Pflicht mit Ehre zu bestehen.

Sorgfältig hält er nun sich von Amanden
fern,
Und bringt die Nächte zu, starr nach dem
Angelstern,
Die Tage, schwermuthsvoll ins Meer hinaus zu
sehen.

9.

Die Schöne, die den Mann, dem sie ihr
Herz geschenkt,
So ganz verwandelt sieht, ist desto mehr ver-
legen,
Da sie davon sich keine Ursach' denkt.
Doch mehr aus Zärtlichkeit, von ihrem Unver-
mögen
Ihn aufzuheitern als an ihrem Stolz gekränkt,
Setzt sie ihm Sanftmuth blofs und viel Geduld
entgegen.
Das Übel nimmt indefs mit jeder Stunde zu,
Und raubet ihm und ihr bey Tag und Nacht
die Ruh.

10.

Einst um die Zeit, da schon am sternevol-
len Himmel
In Thetis Schoofs der funkelnde Arktur

Sich senkt' — es schwieg am Bord das lärmende
Getümmel,
Und kaum bewegte sich wie eine Weitzenflur
Auf der sich Zefyr wiegt, der Ocean; die Leute
Im Schiffe, allzumahl des tiefsten Schlummers
Beute,
Verdünsteten den Wein, der in den Adern
rann,
Und selbst am Ruder nickt der sichre Steuer-
mann;

11.

Auch Fatme war zu ihres Fräuleins Füſsen
Entschlummert: nur von Deinem Augenlied,
O Hüon, nur von Deinem Busen flieht,
O Rezia, der Schlaf! — Die armen Seelen
büſsen
Der Liebe süſses Gift. Wie wühlt sein heiſser
Brand
In ihrem Blut! und ach! nur eine dünne Wand
Trennt sie; sie glauben fast einander zu
berühren,
Und nicht ein Seufzer kann sich ungehört ver-
lieren.

12.

Der Ritter, dem der lang' verhaltne Drang
Zur Marter wird, dem jede bittre Zähre,
Die seine Grausamkeit Amandens Aug' ent-
  zwang,
Auf seinem Herzen brennt, er seufzt so laut
  so bang,
Als ob's sein letzter Athem wäre.
Sie, die mit Lieb' und Scham schon eine Stunde
  rang,
Kann endlich länger nicht die Lind'rung sich
  versagen,
Zu forschen was ihn quält, und Trost ihm
  anzutragen.

13.

Im weifsen Schlafgewand, dem schönsten
  Engel gleich,
Tritt sie in sein Gemach, mit zärtlichem
  Erbarmen
Im keuschen Blick, mit furchtsam offnen
  Armen.
Ihm ist, als öffne sich vor ihm das Himmel-
  reich.
Sein Antlitz, kurz zuvor so welk, so todten-
  bleich,

Wird feuerroth; sein Puls, der kaum so träge
Und muthlos schlich, verdoppelt seine Schläge,
Und hüpfet wie ein Fisch im spiegelhellen Teich.

14.

Allein gleich wieder wirft ihn Oberons
Wort danieder;
Und da er schon, durch ihre Güte dreist,
An seine Brust sie ziehen will, entreifst
Er schnell sich ihrem Kufs, sich ihrem Busen
wieder;
Will fliehn, bleibt wieder stehn, kommt rasch
auf sie zurück
In ihre Arme sich zu stürzen,
Und plötzlich starrt er weg, mit wildem rol-
lendem Blick,
Als wünscht' er seine Qual auf einmahl abzu-
kürzen.

15.

Sie sinkt aufs Lager hin, hoch schlägt ihr
volles Herz
Durchs weichende Gewand, und stromweis'
stürzt der Schmerz

Aus ihren schmachtenden vor Liebe schweren
Augen.
Er sieht's, und länger hält die Menschheit es
nicht aus:
Halb sinnlos nimmt er sie (werd' auch das
ärgste draus!)
In seinen Arm, die glüh'nden Lippen saugen
Mit heifsem Durst den Thau der Liebe auf,
Und ganz entfesselt strömt das Herz in vollem
Lauf.

16.

Auch Rezia, von Lieb' und Wonne hinge-
rissen,
Vergifst zu widerstehn, und überläfst, ent-
zückt,
Und wechselsweis' ans Herz ihn drückend und
gedrückt,
Sich ahnungslos den lang' entbehrten Küssen.
Mit vollen Zügen schlürft sein nimmer satter
Mund
Ein herzberauschendes wollüstiges Vergessen
Aus ihren Lippen ein; die Sehnsucht wird ver-
messen,
Und ach! an Hymens Statt krönt Amor ihren
Bund.

17.

Stracks schwärzt der Himmel sich, es löschen
alle Sterne;
Die Glücklichen! sie werden's nicht gewahr.
Mit sturmbeladnem Flügel braust von ferne
Der fessellosen Winde rohe Schaar;
Sie hören's nicht. Umhüllt von finsterm Grimme
Rauscht Oberon vorbey an ihrem Angesicht;
Sie hören's nicht. Schon rollt des Donners
droh'nde Stimme
Zum dritten Mahl, und ach! sie hören's nicht!

18.

Inzwischen bricht mit fürchterlichem Sausen
Ein unerhörter Sturm von allen Seiten los;
Des Erdballs Axe kracht, der Wolken schwar-
zer Schoofs
Giefst Feuerströme aus, das Meer beginnt zu
brausen,
Die Wogen thürmen sich wie Berge schäumend
auf,
Die Pinke schwankt und treibt in ungewissem
Lauf,

Der Bootsmann schreyt umsonst in sturmbe-
    täubte Ohren,
Laut heult's durchs ganze Schiff, weh uns! wir
    sind verloren!

19.

Der ungezähmten Winde Wuth,
Der ganze Horizont in einen Höllenrachen
Verwandelt, lauter Gluth, des Schiffes stetes
    Krachen,
Das wechselsweis' bald von der tiefsten Flut
Verschlungen scheint, bald, himmelan getrieben,
Auf Wogenspitzen schwebt, die unter ihm zer-
    stieben:
Diefs alles, stark genug, die Todten aufzu-
    schrecken,
Mufst' endlich unser Paar aus seinem Taumel
    wecken.

20.

Amanda fährt entseelt aus des Geliebten
    Armen;
Gott! ruft sie aus, was haben wir gethan!

Der Schuldbewußte fleht den Schutzgeist um
    Erbarmen,
Um Hülfe, wenigstens nur für Amanden, an:
Vergebens! Oberon ist nun der Unschuld
    Rächer,
Ist unerbittlich nun in seinem Strafgericht;
Verschwunden sind das Hifthorn und der
    Becher,
Die Pfänder seiner Huld; er hört und rettet
    nicht.

21.

Der Hauptmann ruft indeß das ganze Volk
    zusammen,
Und spricht: Ihr seht die allgemeine Noth;
Mit jedem Pulsschlag wird von Wasser, Wind
    und Flammen
Dem guten Schiff der Untergang gedroht.
Nie sah ich solchen Sturm! Der Himmel
    scheint zum Tod,
Vielleicht um Eines Schuld, uns alle zu ver-
    dammen;
Um Eines Frevlers Schuld, zum Untergang
    verflucht,
Den unter uns der Blitz des Rächers sucht.

22.

So laſst uns denn durchs Loos den Himmel fragen
Was für ein Opfer er verlangt!
Ist Einer unter euch dem vor der Wage bangt?
Wo jeder sterben muſs hat keiner was zu wagen!
Er sprach's, und jedermann stimmt in den Vorschlag ein.
Der Priester bringt den Kelch; man wirft die Loose drein;
Rings um ihn her liegt alles auf den Knieen;
Er murmelt ein Gebet, und heiſst nun jeden ziehen.

23.

Geheimer Ahnung voll, doch mit entschloſsnem Muth,
Naht Hüon sich, den zärtlichsten der Blicke
Auf Rezia gesenkt, die, bang und ohne Blut,
Gleich einem Gypsbild steht. Er zieht, und —
o Geschicke!
O Oberon! — er zieht mit frost'ger bebender Hand

Das Todesloos. Verstummend schaut die Menge
Auf ihn; er liest, erblafst, und ohne Widerstand
Ergiebt er sich in seines Schicksals Strenge.

24.

Dein Werk ist diefs, ruft er zu Oberon empor;
Ich fühl', obwohl ich dich nicht sehe,
Erzürnter Geist, ich fühle deine Nähe!
Weh mir! du warntest mich, du sagtest mir's zuvor,
Gerecht ist dein Gericht! Ich bitte nicht um Gnade,
Als für Amanden nur! Ach! Sie ist ohne Schuld!
Vergieb ihr! Mich allein belade
Mit deinem ganzen Zorn, ich trag' ihn mit Geduld!

25.

Ihr, die mein Tod erhält, schenkt eine fromme Zähre
Dem Jüngling, den der Sterne Mifsgunst trifft!
Nicht schuldlos sterb' ich zwar, doch lebt' ich stets mit Ehre;

Ein Augenblick, wo ich, berauscht von süfsem
Gift,
Des Worts vergafs, das ich zu rasch ge-
schworen,
Der Warnung, die zu spät in meinen bangen
Ohren
Itzt wiederhallt — das allgemeine Loos
Der Menschheit, schwach zu seyn — ist mein
Verbrechen blofs!

26.

Schwer büfs' ich's nun, doch klaglos! denn,
gereuen
Des liebenswürdigen Verbrechens soll mich's
nicht!
Ist Lieben Schuld, so mag der Himmel mir
verzeihen!
Mein sterbend Herz erkennt nun keine andre
Pflicht.
Was kann ich sonst als Liebe dir erstatten,
O du, die mir aus Liebe alles gab?
Nein! diese heil'ge Gluth erstickt kein Wel-
lengrab!
Unsterblich lebt sie fort in deines Hüons
Schatten.

27.

Hier wird das Herz ihm grofs; er hält die
blasse Hand
Vors Aug', und schweigt. Und wer im Kreise
stand,
Verstummt; kein Herz so roh, das nicht bey
seinem Falle
Auf einen Augenblick von Mitleid überwalle.
Es war ein Blitz, der im Entstehn verschwand.
Sein Tod ist Sicherheit, ist Leben für sie alle;
Und da der Himmel selbst zum Opfer ihn ersehn,
Wer dürfte, sagen sie, dem Himmel wider-
stehn?

28.

Der Sturm, der seit dem ersten Augen-
blicke
Da Hüon sich das Todesurtheil sprach,
Besänftigt schien, kam itzt mit neuem Grimm
zurücke.
Zersplittert ward der Mast, das Steuer brach.
Lafst, schreyt das ganze Schiff, lafst den Ver-
brecher sterben!
Der Hauptmann nähert sich dem Ritter: Junger
Mann,

Spricht er, du siehst dafs dich Verzug nicht retten kann,
Stirb, weil es seyn mufs, frey, und rett' uns vom Verderben!

29.

Und mit entschlofsnem Schritt naht sich der Paladin
Dem Bord des Schiffs. Auf einmahl stürzt die Schöne,
Die eine Weile her lebloser Marmor schien,
Gleich einer Rasenden durch alles Volk auf ihn:
Es weht im Sturm ihr Haar wie eines Löwen Mähne;
Mit hoch geschwellter Brust und Augen ohne Thräne
Schlingt sie den starken Arm in liebevoller Wuth
Um Hüon her, und reifst ihn mit sich in die Flut.

30.

Verzweifelnd will, ihr nach, die treue Fatme springen.
Man hält sie mit Gewalt. Sie sieht die holden Zwey,

So fest umarmt, wie Reben sich umschlingen,
Schnell fortgewälzt nur schwach noch mit den
                    Wogen ringen;
Und da sie nichts mehr sieht, erfüllt ihr Angst-
                    geschrey
Das ganze Schiff. Wer kann ihr wiederbringen
Was sie verliert? Mit ihrer Königin
Ist alles was sie liebt und hofft auf ewig hin.

31.

Indessen hatte kaum die aufgebrachten Wogen
Des Ritters Haupt berührt, so legt, o Wunder!
            sich
Des Ungewitters Grimm; der Donner schweigt;
                    entflogen
Ist der Orkane Schaar; das Meer, so fürch-
                    terlich
Kaum aufgebirgt, sinkt wieder bis zur Glätte
Des hellsten Teichs, wallt wie ein Lilienbette:
Das Schiff setzt seinen Weg mit Rudern munter
                    fort,
Und, nur zwey Tage noch, so ruht's im
                    sichern Port.

32.

Wie aber wird es dir, du holdes Paar,
ergehen,
Das, ohne Hoffnung, nun im offnen Meere
treibt?
Erschöpft ist ihre Kraft; Besinnen, Hören,
Sehen
Verschwunden — das Gefühl von ihrer Liebe
bleibt.
So fest umarmt, als wären sie zusammen
Gewachsen, keines mehr sich seiner selbst
bewufst,
Doch immer noch im andern athmend,
schwammen
Sie, Mund auf Mund, dahin, und Brust an
Brust.

33.

Und kannst du, Oberon, sie unbeklagt
erbleichen,
Du, einst ihr Freund, ihr Schutz, kannst sie
verderben sehn?
Du siehst sie, weinst um sie, — und läfst dich
nicht erweichen?

Er wendet sich und flieht — es ist um sie
geschehn!
Doch, sorget nicht! Der Ring läfst sie nicht
untergehn,
Sie werden unverletzt den nahen Strand
erreichen;
Sie schützt der magische geheimnifsvolle Ring,
Den Rezia aus Hüons Hand empfing.

34.

Wer diesen Ring besitzt, das allgewaltige
Siegel
Des grofsen Salomon, dem löscht kein
Element
Das Lebenslicht; er geht durch Flammen unge-
brennt;
Schliefst ihn ein Kerker ein, so springen Schlofs
und Riegel
So bald er sie berührt; und will er von
Trident
Im Nu zu Memfis seyn, so leiht der Ring
ihm Flügel:
Nichts ist was der, der diesen Talisman
Am Finger hat, durch ihn nicht wirken kann.

35.

Er kann den Mond von seiner Stelle rücken;
Auf offnem Markt, im hellsten Sonnenschein,
Hüllt ihn, so bald er will, auch selbst vor
  Geisterblicken,
Ein unsichtbarer Nebel ein.
Soll jemand vor ihm stehn, er darf den Ring
  nur drücken,
Es sey, den er erscheinen heifst,
Ein Mensch, ein Thier, ein Schatten oder Geist,
So steht er da, und mufs sich seinem Winke
  bücken.

36.

In Erd' und Luft, in Wasser und in Feuer,
Sind ihm die Geister unterthan;
Sein Anblick schreckt und zähmt die wildsten
  Ungeheuer,
Und selbst der Antichrist mufs zitternd ihm
  sich nahn.
Auch kann durch keine Macht im Himmel noch
  auf Erden
Dem, der ihn nicht geraubt, der Ring entrissen
  werden:

Die Allgewalt, die in ihm ist, beschützt
Sich selbst und jede Hand, die ihn mit Recht
besitzt.

37.

Diefs ist der Ring, der dich, Amanda, rettet,
Dich, und den Mann, der, durch der Liebe Band
Und deiner Arme Kraft an deine Brust gekettet,
Unwissend wie, an eines Eilands Strand
Dich und sich selbst, o Wunder! wiederfand.
Zwar hat euch hier der Zufall hart gebettet;
Die ganze Insel scheint vulkanischer Ruin,
Und nirgends ruht das Aug' auf Laub und frischem Grün.

38.

Doch, diefs ist's nicht, was in den taumelnden Minuten
Der ersten Trunkenheit die Wonnevollen rührt.
So unverhofft, so wunderbar den Fluten
Entronnen, unversehrt an trocknes Land geführt,
Gerettet, frey, allein, sich Arm in Arm zu finden,
Diefs übermäfsig grofse Glück

Macht alles um sie her aus ihren Augen
                 schwinden:
Doch ruft ihr Zustand bald sie zum Gefühl
                 zurück.

39.

Durchnäfst bis auf die Haut, wie konnten sie
                 vermeiden
Sich ungesäumt am Strande zu entkleiden?
Hoch stand die Sonn' und einsam war der
                 Strand.
Allein, indefs ihr triefendes Gewand
An Felsen hängt, wohin dem Sonnenstrahl ent-
                 flichen,
Der deine Lilienhaut, Amanda, dörrt und
                 sticht?
Der Sand brennt ihren Fufs, die schroffen
                 Steine glühen,
Und ach! kein Baum, kein Busch, der ihr
                 ein Obdach flicht!

40.

Zuletzt entdeckt des Jünglings bangen Augen
Sich eine Felsenkluft. Er fafst Amanden auf
Und fliegt mit ihr dahin, trägt eilends Schilf zu
                 Hauf

Und altes Moos (der Noth mufs alles taugen)
Zur Lagerstatt, und wirft dann neben ihr
　　　sich hin.
Sie sehn sich seufzend an, und saugen
Eins aus des Andern Augen Trost, für jede
　　　Noth
Die gegenwärtig drückt und in der Zukunft
　　　droht.

41.

O Liebe, süfses Labsal aller Leiden
Der Sterblichen, du wonnevoller Rausch
Vermählter Seelen! welche Freuden
Sind deinen gleich? — Wie schrecklich war
　　　der Tausch,
Wie rasch der Übergang im Schicksal dieser
　　　beiden!
Einst Günstlinge des Glücks, von einem Für-
　　　stenthron
Geschleudert, bringen sie das Leben kaum
　　　davon,
Das nackte Leben kaum, und sind noch zu
　　　beneiden!

42.

Der schimmerreichste Sahl, mit Königs-
   pracht geschmückt,
Hat nicht den Reitz von dieser wilden Grotte
Für Rezia — und Er, an ihre Brust gedrückt,
Fühlt sich unsterblich, wird zum Gotte
In ihrem Arm. Das halb verfaulte Moos,
Worauf sie ruhn, däucht sie das reichste Bette,
Und duftet lieblicher, als wenn Schasmin
   und Ros'
Und Lilienduft es eingebalsamt hätte.

43.

O dafs er enden mufs, so gern das Herz ihn
   nährt,
Der süfse Wahn! Zwar unbemerkt sind ihnen
Zwey Stunden schon entschlüpft: doch, die
   Natur begehrt
Nun andre Kost. Wer wird sie hier bedienen?
Unwirthbar, unbewohnt ist dieser dürre Strand,
Nichts das den Hunger täuscht, wird um und
   um gefunden;
Und ach! ergrimmt zog Oberon die Hand
Von ihnen ab — der Becher ist verschwunden!

44.

Mit unermüdetem Fuſs besteigt der junge
Mann
Die Klippen rings umher, und schaut so weit
er kann:
Ein schreckliches Gemisch von Felsen und von
Klüften
Begegnet seinem Blick, wohin er thränend
blinkt.
Da lockt kein saftig Grün aus blumenvollen
Triften,
Da ist kein Baum, der ihn mit goldnen Früchten winkt!
Kaum daſs noch Heidekraut und dünne Brombeerhecken
Und Disteln hier und da den kahlen Grund verstecken.

45.

So soll ich, ruft er aus, und beiſst vor
wilder Pein
Sich in die Lippen, ach! so soll ich denn mit
leeren
Trostlosen Händen wiederkehren,
Zu ihr, für die mein Leben noch allein

Erhaltenswürdig war? Ich, ihre einzige Stütze,
Ich, der mit jedem Herzensschlag
Ihr angehört, bin nur um einen einzigen Tag
Ihr Leben noch zu fristen ihr nicht nütze!

46.

Verschmachten soll ich dich vor meinen
    Augen sehn,
Du Wunder der Natur, so liebevoll, so schön!
Verschmachten! Dich, die blofs um meinet-
    willen
So elend ist! für mich so viel verliefs!
Dir, der dein Stern das schönste Loos verhiefs,
Eh' dich des Himmels Zorn in meine Arme
    stiefs,
Dir bleibt (hier fing er an vor Wuth und
    Angst zu brüllen)
Bleibt nicht so viel — den Hunger nur zu
    stillen!

47.

Laut schrie er auf in unnennbarem Schmerz;
Dann sank er hin, und lag in fürchterlicher
    Stille.
Doch endlich fällt ein Strahl von Glauben in
    sein Herz:

Er rafft sich aus des Trübsinns schwarzer Hülle,
Spricht Muth sich ein, und fängt mit neuem
        Eifer an
Zu suchen. Lang' umsonst! Schon schmilzt im
        Ocean
Der Sonnenrand zu Gold — auf einmahl, o Ent-
        zücken!
Entdeckt die schönste Frucht sich seinen gier'gen
        Blicken.

48.

Halb unter Laub versteckt, halb glühend
        angestrahlt,
Sah er an breit belaubten Ranken,
Melonen gleich, sie auf die Erde wanken,
Einladend von Geruch, und wunderschön
        bemahlt.
Wie hält er reichlich sich für alle Müh bezahlt!
Er eilt hinzu, und bricht sie; glänzend
        danken
Zum Himmel seine Augen auf,
Und Freudetrunkenheit beflügelt seinen Lauf.

49.

Amanden, die drey tödtlich lange Stunden
An diesem öden Strand, wo alles Furcht erweckt,

Wo jeder Laut bedroht, und selbst die Stille
schreckt,
Sich ohne den, der nun ihr Alles ist, befunden,
Ihr war ein Theil der langen Zeit verschwunden,
Zum Lager, wie es hier die Noth der Liebe
deckt,
Mit ungewohntem Arm vom Ufer ganze Lagen
Von Meergras, Schilf und Moos der Höhle
zuzutragen.

50.

Matt wie sie war, erschöpfte diese Müh
Noch ihre letzte Kraft; es brachen ihr die
Knie;
Sie sinkt am Ufer hin, und lechzt mit dürrem
Gaumen.
Vom Hunger angenagt, von heifsem Durst
gequält,
An diesem wilden Ort, wo ihr's an allem fehlt,
Wie angstvoll ist ihr Loos! Wo mag ihr Hüon
säumen?
Wen ihn ein Unfall traf? vielleicht ein
reifsend Thier?
Es nur zu denken, raubt den Rest von
Leben ihr!

51.

Die schrecklichsten der Möglichkeiten
Mahlt ihr die Fantasie mit warmen Far-
ben vor.
Umsonst bemüht sie sich mit ihrer Furcht zu
streiten,
Ein Wellenschlag erschreckt ihr unglückahnend
Ohr.
Zuletzt, so schwach sie ist, keicht sie mit Müh
empor
Auf eines Felsen Stirn, und schaut nach allen
Seiten,
Und mit dem letzten Sonnenblick
Entdeckt sie ihn — Er ist's! er kommt zurück!

52.

Auch er sieht sie die Arme nach ihm
breiten,
Und zeigt ihr schon von fern die schöne goldne
Frucht.
Von keiner schönern ward, in jenen Kindheits-
zeiten
Der Welt, das erste Weib im Paradies versucht.
Er hält, wie im Triumf, sie in den letzten
Strahlen

Der Sonn' empor, die ihre glatte Haut
Mit flammengleichem Roth bemahlen,
Indefs Amanda kaum den frohen Augen traut.

53.

So läfst sich unsrer Noth der Himmel doch
erbarmen!
Ruft sie, und eine grofse Thräne blinkt
In ihrem Aug'; und eh' die Thräne sinkt
Ist Hüon schon in ihren offnen Armen.
Ihr schwacher Ton, und dafs sie halb entseelt
An seinen Busen schwankt, heifst ihren Retter
eilen.
Sie lagern sich; und, weil ein ander Werkzeug
fehlt,
Braucht er sein Schwert die schöne Frucht zu
theilen.

54.

Hier zittert mir der Griffel aus der Hand!
Kannst du, zu strenger Geist, in solchem Jam-
merstand
Noch spotten ihrer Noth, noch ihre Hoffnung
trügen?
Faul, durch und durch, und gallenbitter war

Die schöne Frucht! — Und bleich, wie in den
　　　　　letzten Zügen
Ein Sterbender erbleicht, sieht das getäuschte
　　　　　Paar
Sich trostlos an, die starren Augen offen,
Als hätt' aus heitrer Luft ein Donner sie
　　　　　getroffen.

55.

Ein Strom von bittern Thränen stürzt mit
　　　　　Wuth
Aus Hüon's Aug': von jenen furchtbarn
　　　　　Thränen,
Die aus dem halb gestockten Blut
Verzweiflung prefst, mit Augen voller Gluth,
Und gichtrisch zuckendem Mund und grimm-
　　　　　voll klappernden Zähnen.
Amanda, sanft und still, doch mit gebroch-
　　　　　nem Muth,
Die Augen ausgelöscht, die Wangen welk, zu
　　　　　Scherben
Die Lippen ausgedörrt — Lafs, spricht sie,
　　　　　lafs mich sterben!

56.

Auch Sterben ist an deinem Herzen süfs;
Und Dank dem Rächer, der in seinem Grimme,

So streng er ist, doch diesen Trost mir liefs!
Sie sagt's mit schwacher halb erstickter Stimme,
Und sinkt an seine Brust. So sinkt im Sturm
   zerknickt
Der Lilie welkend Haupt. Von Lieb' und Angst
   verrückt
Springt Hüon auf, und schliefst die theure
   Seele
In seinen Arm, und trägt sie nach der Höhle.

57.

Ach! Einen Tropfen Wassers nur,
Gerechter Gott! schreyt er, halb ungeduldig,
Halb flehend, auf — Ich, ich allein, bin
   schuldig!
Mich treff' allein dein Zorn! mir werde die
   Natur
Ringsum zum Grab, zum offnen Höllenrachen!
Nur schone Sie! O leit' auf einer Quelle Spur
Den dunkeln Fufs! Ein wenig Wassers nur
Ihr Leben wieder anzufachen!

58.

Er geht aufs neu zu suchen aus, und schwört,
Sich eher selbst, von Durst und Hunger aufgezehrt,

In diesen Felsen zu begraben,
Eh' er mit leerer Hand zur Höhle wiederkehrt.
Er, ruft er weinend, der die jungen Raben
Die zu ihm schrey'n erbarmend hört,
Er kann sein schönstes Werk nicht hassen,
Er wird gewiſs, gewiſs, dich nicht verschmach-
    ten lassen!

59.

Kaum sprach er's aus, so kommt's ihm vor
Als hör' er wie das Rieseln einer Quelle
Nicht fern von ihm. Er lauscht mit scharfem
    Ohr;
Es rieselt fort — Entzückt dankt er empor,
Und sucht umher; und, bey der schwachen Helle
Der Dämmerung, entdeckt er bald die Stelle.
In eine Muschel faſst er auf den süſsen Thau,
Und eilt zurück, und labt die fast verlechzte
    Frau.

60.

Gemächlicher des Labsals zu genieſsen,
Trägt er sie selbst zur nahen Quelle hin.
Es war nur Wasser — doch dem halb erstorb-
    nen Sinn

Scheint Lebensgeist den Gaum hinab zu fliefsen,
Däucht jeder Zug herzstärkender als Wein
Und süfs wie Milch und sanft wie Öhl zu seyn;
Es hat die Kraft zu speisen und zu tränken,
Und alles Leiden in Vergessenheit zu senken.

61.

Erquickt, gestärkt, und neuen Glaubens voll
Erstatten sie dem, der zum zweyten Mahle
Sie nun dem Tod entrifs, des Dankes frohen
Zoll;
Umarmen sich, und, nach der letzten Schale,
Strickt unvermerkt, am Quell auf kühlem
Moos,
Der süfse Tröster alles Kummers
Das Band der müden Glieder los,
Und lieblich ruhn sie aus im weichen Arm
des Schlummers.

62.

Kaum spielt die Morgendämmerung
Um Hüons Stirn, so steht er auf, und eilet
Auf neues Forschen aus; wagt manchen küh-
nen Sprung

Wo den zerrifsnen Fels ein jäher Absturz theilet;
Spürt jeden Winkel durch, stets sorgsam dafs
 er ja
Den Rückweg zu Amanden nicht verliere,
Und kummervoll, da er für Menschen und für
 Thiere
Das Eiland überall ganz unbewohnbar sah.

63.

Ihn führt zuletzt südostwärts von der Höhle
Ein krummer Pfad in eine kleine Bucht;
Und im Gebüsch, das eine Felsenkehle
Umkränzt, entdeckt sich ihm, beschwert mit
 reifer Frucht,
Ein Dattelbaum. So leicht, wie, auf der Flucht
Zum Himmel, eine arme Seele
Die aus des Fegfeu'rs Pein und strenger Gluth
 entrann,
Klimmt er den Baum hinauf als stieg' er him-
 melan;

64.

Und bricht der süfsen Frucht so viel in seine
 Taschen
Sich fassen liefs, springt dann herab und fliegt,

Als gält's ein Reh in vollem Lauf zu haschen,
Das holde Weib, das stets in seinem Sinne
　　　　liegt,
So wie sie munter wird, damit zu über-
　　　　raschen.
Noch lag sie, als er kam, schön in sich selbst
　　　　geschmiegt,
In sanftem Schlaf; ihr glühn wie Rosen ihre
　　　　Wangen,
Und kaum hält ihr Gewand den Busen halb
　　　　gefangen.

65.

Entzückt in süfses Schau'n, den reinsten
　　　　Liebsgenufs,
Steht Hüon da, als wie der Genius
Der schönen Schläferin; betrachtet,
Auf sie herab gebückt, mit liebevollem Geitz
Das engelgleiche Bild, den immer neuen Reitz;
Diefs ist, die, ihm zu Lieb', ein Glück für
　　　　nichts geachtet,
Dem, wer's erreichen mag, sonst alles, unbe-
　　　　dingt,
Was theu'r und heilig ist zum frohen Opfer
　　　　bringt!

66.

„Um einen Thron hat Liebe dich betrogen!
Und, ach! wofür? — Du, auf dem weichen Schoofs
Der Asiat'schen Pracht wollüstig auferzogen,
Liegst nun auf hartem Fels, der weite Himmelsbogen
Dein Baldachin, dein Bett ein wenig Moos;
Vor Wittrung unbeschützt und jedem Zufall blofs,
Noch glücklich, hier, wo Disteln kaum bekleiben,
Mit etwas wilder Frucht den Hunger zu betäuben!

67.

„Und Ich — der, in des Schicksals strenger Acht,
Mit meinem Unglück, was mir nähert, anzustecken
Verurtheilt bin — anstatt vor Unfall dich zu decken,
Ich habe dich in diese Noth gebracht!
So lohn' ich dir was du für mich gegeben,
Für mich gewagt? Ich Unglücksel'ger, nun

Dein Alles in der Welt, was kann ich für dich
thun,
Dem selbst nichts übrig blieb als dieses nackte
Leben?"

68.

Dieſs quälende Gefühl wird unfreywillig
laut,
Und weckt aus ihrem Schlaf die anmuthsvolle
Braut.
Das erste, was sie sieht, ist Hüon, der, mit
Blicken
In denen Freud' und Liebestrunkenheit
Den tiefern Gram nur halb erdrücken,
In ihren Schoofs des Palmbaums Früchte streut.
Die magre Kost und eine Muschelschale
Voll Wassers macht die Noth zu einem Götter-
mahle.

69.

Zum Göttermahl! Denn ruhet nicht ihr Haupt
An Hüons Brust? Hat Er sie nicht gebrochen,
Die süſse Frucht? nicht Er des Schlummers
sich beraubt,

Und ihr zu Lieb' so manche Kluft durch-
  krochen?
So rechnet ihm die Liebe alles an,
Und schätzt nur das gering, was sie für ihn
  gethan.
Die Wolken zu zerstreun, die seine Stirn
  umdunkeln,
Läfst sie ihr schönes Aug' ihm lauter Freude
  funkeln.

70.

Er fühlt den Überschwang von Lieb' und
  Edelmuth
In ihrem zärtlichen Betragen;
Und mit bethräntem Aug' und Wangen ganz in
  Gluth
Sinkt er an ihren Arm. O sollt' ich nicht
  verzagen,
Ruft er, mich selbst nicht hassen, nicht
Verwünschen jeden Stern, der auf die Nacht
  geschimmert
Die mir das Leben gab, verwünschen jenes
  Licht
Als ich im Mutterarm zum ersten Mahl gewim-
  mert?

71.

Dich, bestes Weib, durch mich, durch mein
 Vergehn,
Von jedem Glück herab gestürzt zu sehn,
Von jedem Glück, das dir zu Bagdad lachte,
Von jedem Glück, das ich dich hoffen machte
In meinem väterlichen Land!
Erniedrigt — dich! — zu diesem dürftigen Stand!
Und doch zu sehn, wie du diefs alles ohne
 Klagen
Erträgst — Es ist zu viel! Ich kann es nicht
 ertragen!

72.

Ihn sieht mit einem Blick, worin der Him-
 mel sich
Ihm öffnet, voll von dem, was kaum ihr Busen
 fasset,
Amanda an: Lafs, spricht sie, Hüon, mich
Aus dem geliebten Mund was meine Seele
 hasset
Nie wieder hören! Klage dich
Nicht selber an, nicht den, der was uns drücket
Uns nur zur Prüfung, nicht zur Strafe zuge-
 schicket;
Er prüft nur die er liebt, und liebet väterlich.

73.

Was uns seit jenem Traum, der Wiege
unsrer Liebe,
Begegnet ist, ist's nicht Beweis hiervon?
Nenn, wie du willst, den Stifter unsrer Triebe,
Vorsehung, Schicksal, Oberon,
Genug, ein Wunder hat dich mir, mich dir
gegeben!
Ein Wunder unser Bund, ein Wunder unser
Leben!
Wer führt' aus Bagdad unversehrt
Uns aus? Wer hat der Flut, die uns ver-
schlang, gewehrt?

74.

Und als wir, sterbend schon, so unverhofft
den Wogen
Entrannen, sprich, wer anders als die Macht
Die uns beschützt, hat uns bisher bedacht?
Aus ihrer Brust hab' ich's gesogen,
Das Wasser, das in dieser bangen Nacht
Mein kaum noch glimmend Licht von neuem
angefacht!

Gewiſs auch dieses Mahl, das unser Leben fristet,
Hat eine heimliche wohlthät'ge Hand gerüstet!

75.

Wofür, wenn unser Untergehn
Beschlossen ist, wofür wär' alles dieſs geschehn?
Mir sagt's mein Herz, ich glaub's, und fühle was ich glaube,
Die Hand, die uns durch dieses Dunkel führt,
Läſst uns dem Elend nicht zum Raube.
Und wenn die Hoffnung auch den Ankergrund verliert,
So laſs uns fest an diesem Glauben halten;
Ein einz'ger Augenblick kann alles umgestalten!

76.

Doch, laſs das ärgste seyn! Sie ziehe ganz sich ab,
Die Wunderhand, die uns bisher umgab;
Laſs seyn, daſs Jahr um Jahr sich ohne Hülf' erneue,

Und deine liebende getreue
Amande finde hier auf diesem Strand ihr
    Grab;
Fern sey es, das mich je, was ich gethan,
    gereue!
Und läge noch die freye Wahl vor mir,
Mit frohem Muth ins Elend folgt' ich dir!

77.

Mir kostet's nichts von allem mich zu
    scheiden
Was ich besaß; mein Herz und deine Lieb'
    ersetzt
Mir alles; und, so tief das Glück herab mich
    setzt,
Bleibst Du mir nur, so werd' ich keine neiden
Die sich durch Gold und Purpur glücklich
    schätzt.
Nur, daß Du leidest, ist Amandens wahres
    Leiden!
Ein trüber Blick, ein Ach, das dir ent-
    fährt,
Ist was mir tausendfach die eigne Noth
    erschwert.

78.

Sprich nicht von dem was ich für dich gegeben,
Für dich gethan! Ich that was mir mein Herz gebot,
That's für mich selbst, der zehenfacher Tod
Nicht bittrer ist als ohne dich zu leben.
Was unser Schicksal ist, hilft deine Liebe mir,
Hilft meine Liebe dir ertragen;
So schwer es sey, so unerträglich — hier
Ist meine Hand! — ich will's mit Freuden tragen.

79.

Mit jedem Auf- und Niedergehn
Der Sonne soll mein Fleifs sich mit dem deinen gatten;
Mein Arm ist stark; er soll, dir beyzustehn
In jeder Arbeit, nie ermatten!
Die Liebe, die ihn regt, wird seine Kraft erhöhn,
Wird den geringsten Dienst mit Munterkeit erstatten.

So lang' ich dir zum Trost, zum Glück genug-
    sam bin,
Tauscht' ich mein schönes Loos mit keiner
    Königin.

80.

So sprach das beste Weib, und drückt mit
    keuschen Lippen
Das Siegel ihres Worts auf den geliebten
    Mund;
Und mit dem Kuſs verwandeln sich die Klippen
Um Hüon her; der rauhe Felsengrund
Steht wieder zum Elysium umgebildet,
Verweht ist jede Spur der nackten Dürftigkeit;
Das Ufer scheint mit Perlen überstreut,
Ein Marmorsahl die Gruft, der Felsen über-
    güldet.

81.

Von neuem Muth fühlt er sein Herz ge-
    schwellt.
Ein Weib wie dieſs ist mehr als eine Welt.
Mit hoher himmelathmender Wonne
Drückt er dieſs volle Herz an ihre offne Brust,
Ruft Erd' und Meer, und dich, allsehende
    Sonne,

Zu Zeugen seines Schwurs: „Ich schwör's auf
diese Brust,
Den heiligen Altar der Unschuld und der Treue,
Vertilgt mich, ruft er aus, wenn ich mein
Herz entweihe!

82.

„Wenn je diefs Herz, worin dein Nahme
brennt,
Der Tugend untreu wird, und deinen Werth
verkennt,
Dich je, so lang' diefs Prüfungsfeuer währet,
Durch Kleinmuth quält, durch Zagheit sich
entehret,
Je lässig wird, geliebtes Weib, für dich
Das äufserste zu leiden und zu wagen:
Dann, Sonne, waffne dich mit Blitzen gegen
mich,
Und möge Meer und Land die Zuflucht mir
versagen!"

83.

Er sprach's, und ihn belohnt mit einem
neuen Kufs
Das engelgleiche Weib. Sie freu'n sich ihrer
Liebe,

Und stärken wechselsweis' einander im Ent-
    schlufs,
So hart des Schicksals Herr auch ihre Tugend
    übe,
Mit festem Muth und eiserner Geduld
Auf befsre Tage sich zu sparen,
Und blindlings zu vertraun der allgewaltigen
    Huld,
Von der sie schon so oft den stillen Schutz
    erfahren.

84.

Von beiden wurde noch desselben Tags die
    Bucht,
Die ihren Palmbaum trug, mit grofsem Fleifs
    durchsucht,
Und fünf bis sechs von gleicher Art gefunden,
Die hier und da voll goldner Trauben stunden.
Das frohe Paar, hierin den Kindern gleich,
Dünkt mit dem kleinen Schatz sich unermefs-
    lich reich;
Bey süfsem Scherz und fröhlichem Durchwan-
    dern
Des Palmenthals verfliegt ein Abend nach dem
    andern.

85.

Allein der Vorrath schwand; ein Jahr, ein
　　　　Jahr mit Bley
An Füfsen, braucht's ihn wieder zu ersetzen,
Und, ach! mit jedem Tag wird ihr Bedürf-
　　　　nifs neu.
Arm kann die Liebe sich bey Wenig glücklich
　　　　schätzen,
Bedarf nichts aufser sich, als was Natur bedarf
Den Lebensfaden fortzuspinnen;
Doch, fehlt auch diefs, dann nagt der Mangel
　　　　doppelt scharf,
Und die allmächtige Bezaubrung mufs zer-
　　　　rinnen.

86.

Mit Wurzeln, die allein der Hunger efsbar
　　　　macht,
Sind sie oft manchen Tag genöthigt sich zu
　　　　nähren.
Oft, wenn, vom Suchen matt, der junge Mann
　　　　bey Nacht
Zur Höhle wiederkehrt, ist eine Hand voll
　　　　Beeren,
Ein Mewen-Ey, geraubt im steilen Nest,

Ein halb verzehrter Fisch, vom gier'gen Wasser-
raben
Erbeutet, alles, was das Glück ihn finden läfst,
Sie, die sein Elend theilt, im Drang der
Noth zu laben.

87.

Doch dieser Mangel ist's nicht einzig der sie
kränkt.
Es fehlt bey Tag und Nacht an tausend kleinen
Dingen,
An deren Werth man im Besitz nicht denkt,
Wiewohl wir, ohne sie, mit tausend Nöthen
ringen.
Und dann, so leicht bekleidet wie sie sind,
Wo sollen sie vor Regen, Sturm und Wind,
Vor jedem Ungemach des Wetters sicher
bleiben,
Und wie des Winters Frost fünf Monden
von sich treiben?

88.

Schon ist der Bäume Schmuck der spätern
Jahrszeit Raub,
Schon klappert zwischen dürrem Laub

Der rauhe Wind, und graue Nebel hüllen
Der Sonne kraftberaubtes Licht,
Vermischen Luft und Meer, und ungestümer
brüllen
Die Wellen am Gestad', das kaum ihr Wüthen
bricht;
Oft, wenn sie grimmbeschäumt den harten
Fesseln zürnen,
Spritzt der zerstäubte Strom bis an der Felsen
Stirnen.

89.

Die Noth treibt unser Paar aus ihrer stillen
Bucht
Nun höher ins Gebirg. Doch, wo sie hin sich
wenden,
Umringet sie von allen Enden
Des dürren Hungers Bild, und sperret ihre
Flucht.
Ein Umstand kommt dazu, der sie mit süfsen
Schmerzen
Und banger Lust in diesem Jammerstand
Bald ängstigt, bald entzückt — Amanda
trägt das Pfand
Von Hüons Liebe schon drey Monden unterm
Herzen.

90.

Oft, wenn sie vor ihm steht, drückt sie des
    Gatten Hand
Stillschweigend an die Brust, und lächelnd hält
    sie Thränen
Zurück im ernsten Aug'. Ein neues zartres
    Band
Webt zwischen ihnen sich. Sie fühlt ein stilles
    Sehnen
Voll neuer Ahnungen den Mutterbusen dehnen;
Was innigers als was sie je empfand,
Ein dunkles Vorgefühl der mütterlichen Triebe,
Durchglüht, durchschaudert sie, und heiligt
    ihre Liebe.

91.

Diefs süfse Liebespfand ist ihr ein Pfand
    zugleich,
Sie werde nicht von Dem verlassen werden,
Der was er schafft in seinem grofsen Reich
Als Vater liebt. Gern trägt sie die Beschwerden
Des ungewohnten Stands, verbirgt behutsam sie
Vor Hüons Blick, und zeigt ihm ihren Kum-
    mer nie,

Läſst lauter Hoffnung ihn im heitern Auge
schauen,
Und nährt in seiner Brust das schmachtende
Vertrauen.

92.

Zwar er vergaſs des hohen Schwures nicht,
Den er dem Himmel und Amanden zuge-
schworen:
Doch desto tiefer liegt das drückende Gewicht;
Denn Sorgen ist nun doppelt seine Pflicht.
Bedarf es mehr sein Herz mit Dolchen zu
durchbohren,
Als dieses rührende Gesicht?
Zeigt die gehoffte Hülf' in kurzer Zeit sich
nicht,
So ist sein Weib, sein Kind, zugleich mit ihm
verloren.

93.

Schon viele Wochen lang verstrich
Kein Tag, an dem er nicht wohl zwanzigmahl
den Rücken
Der Felsenkluft bestieg, ins Meer hinaus zu
blicken,

Sein letzter Trost! Allein vergebens stumpft' er
   sich
Die Augen ab, im Schoofs der grenzenlosen
   Höhen
Mit angestrengtem Blick ein Fahrzeug zu
   erspähen;
Die Sonne kam, die Sonne wich,
Leer war das Meer, kein Fahrzeug liefs sich sehen.

94.
Itzt blieb ein einzigs noch. Es schien
   unmöglich zwar,
Doch, was ist dem der um sein Alles kämpfet
Unmöglich? Würde jedes Haar
Auf seinem Kopf ein Tod, sein Muth blieb'
   ungedämpfet.
Von diesem Fels, worauf ihn Oberon ver-
   bannt,
War eine Seite noch ihm gänzlich unbekannt;
Ein fürchterlich Gemisch von Klippen und
   Ruinen
Beschützte sie, die unersteiglich schienen.

95.
Itzt, da die Noth ihm an die Seele dringt,
Itzt scheinen sie ihm leicht erstiegne Hügel;

Und wären's Alpen auch, so hat die Liebe
Flügel.
Vielleicht, daſs ihm das Wagestück gelingt,
Daſs sein hartnäck'ger Muth durch alle diese
wilde
Verschanzung der Natur sich einen Weg
erzwingt,
Der ihn in fruchtbare Gefilde,
Vielleicht zu freundlichen mitleid'gen Wesen
bringt.

96.

Amanden eine Last von Sorgen zu er-
sparen,
Verbirgt er ihr das ärgste der Gefahren,
In die er sich, zu ihrer beider Heil,
Begeben will. Sie selbst trägt ihren Theil
Von Leiden still. Sie sprachen nichts beym
Scheiden,
Als, lebe wohl! so voll gepreſst war beiden
Das Herz; doch zeigt sein Aug' ihr eine
Zuversicht,
Die wie ein Sonnenstrahl durch ihren Kummer
bricht.

97.

Da steht er nun am Fuſs der aufgebirgten
Zacken!
Sie liegen vor ihm da wie Trümmern einer
Welt:
Ein Chaos ausgebrannter Schlacken,
In die ein Feuerberg zuletzt zusammen fällt,
Mit Felsen untermischt, die, tausendfach
gebrochen,
In wilder ungeheurer Pracht,
Bald tief bis ins Gebiet der alten finstern Nacht
Herunter dräun, bald in die Wolken pochen.

98.

Hier bahnet nur Verzweiflung einen Weg!
Oft muſs er Felsen an sich mit den Händen
winden,
Oft, zwischen schwindlig tiefen Schlünden,
Macht er, den Gemsen gleich, die Klippen sich
zum Steg;
Bald auf dem schmalsten Pfad verrammeln Fel-
senstücke
Ihm Weg und Licht, er muſs, so müd' er ist,
zurücke,

Bald wehrt allein ein Strauch, den mit zer-
rifsner Hand
Er fallend noch ergreift, den Sturz von einer
Wand.

99.

Wenn seine Kraft ihn schier verlassen will,
Ruft die entflohnen Lebensgeister
Amandens Bild zurück. Schwer athmend
steht er still,
Und denkt an Sie, und fühlt sich neuer
Kräfte Meister.
Es bleibt nicht unbelohnt, diefs echte Hel-
denherz!
Allmählich ebnet sich der Pfad vor seinen
Tritten,
Und gegen das, was er bereits erstritten,
Ist, was zu kämpfen ihm noch übrig ist, nur
Scherz.

Varianten.

(*a*) bezeichnet die erste Ausgabe des Oberon, im Deutschen Merkur 1780. (*b*) die Leipz. Ausg. von 1785. (*c*) die Leipz. Ausg. von 1792, welche bis zum VIII. Gesange mit jener übereinstimmend ist. Die Verse ohne diese Zeichen sind in den drey Ausgaben gleich, erscheinen aber in der gegenwärtigen verändert. Die in ( ) eingeschlofsnen Wörter sind die Lesart der Ausgabe von 1785, die vorstehenden die der ersten Ausgaben.

Stanze 1. Vers 2.

(*a*) Bey gutem Wind, das schöne Heldenpaar,

St. 6. V. 5.

Noch kaum erfreut' und nun begann zu drücken,

St. 7. V. 6, 7.

(*a*) — — — O dafs ich es zu spat
Bedacht! Wer hilft mir nun mit Rath und
That?

St. 9. V. 5.

Als, durch sein Sprödethun an ihrem Stolz, gekränkt,

St. 18. V. 6.

Die Pinke treibt in ungewissem Lauf,

St. 21. V. 1, 2.

Der Hauptmann ruft indefs u. s. w.
Ihr, spricht er, seht die allgemeine Noth;

V. 6.

Um Eines Schuld vielleicht, u. s. w.

St. 23. V. 4.

Als wie ein Gypsbild steht. — —

St. 24. V. 6.

(*a*) Als für Amanden nur, denn Sie ist ohne Schuld!

St. 31. V. 4.

(*a*) Ist stracks der Winde Schaar; — —

St. 32. V. 4.

(*a*) Verschwand; nur das Gefühl u. s. w.

St. 34. V. 7, 8.

— — — der diesen Talisman
Besitzt und kennt, u. s. w.

St. 35. V. 8.
(*a*) So steht er da, und muſs zu seinem Wink
sich bücken.

St. 41. V. 3.
— — — welche andre Freuden

St. 44. V. 4.
(*a*) Begegnet seinem Blick, wohin er seufzend
blinkt.

St. 46. V. 5.
(*a*) Dir, der das schönste Loos Natur und
Glück verhieſs,

St. 54. V. 1.
(*a*) Hier, Freunde, zittert mir u. s. w.

St. 58. V. 7.
(*a*) Er kann sein schönstes Werk, sein eigen
Bild, nicht hassen,

Mit der 61sten Stanze schlieſst sich in der ersten Ausgabe der achte Gesang.

St. 74. V. 4.
(*a*) Aus ihrer Brust hab' ich's, wie Lebens-
milch gesogen,

St. 81. V. 1.

(*a*) Von neuem Muth fühlt Hüon sich geschwellt.

V. 4.

(*a*) Drückt er sein Herz an ihre offne Brust,

V. 8.

(*a*) — — — wenn ich diefs Herz entweihe!

St. 84. V. 4.

(*a*) Die, im Gebüsch zerstreut, voll goldner Trauben stunden,

St. 90. V. 2, 3.

— — — und lächelnd füllen Thränen Ihr ernstes Aug'.

St. 99. V. 5.

(*a*) — — — dein echtes Heldenherz!

OBERON

ACHTER GESANG.

ACHTER GESANG.

1.

Erstiegen war nunmehr der erste von den Gipfeln,
Und vor ihm liegt, gleich einem Felsensahl,
Hoch überwölbt von alten Tannenwipfeln,
In stiller Dämmerung ein kleines schmales Thal.
Ein Schauder überfällt den matten
Erschöpften Wanderer, indem sein wankender Schritt
Diefs düstre Heiligthum der Einsamkeit betritt;
Ihm ist, er tret' ins stille Reich der Schatten.

2.

Bald leitet ihn ein sanft gekrümmter Pfad,
Der sich allmählich senkt, zu einer schmalen
Brücke.
Tief unter ihr rollt über Felsenstücke
Ein weiſs beschäumter Strom, gleich einem
Wasserrad.
Herr Hüon schreitet unverdrossen
Den Berg hinan, auf den die Brücke führt,
Und sieht sich unvermerkt in Höhen einge-
schlossen,
Wo bald die Möglichkeit des Auswegs sich
verliert.

3.

Der Pfad auf dem er hergekommen
Wird, wie durch Zauberey, aus seinem Aug'
entrückt!
Lang' irrt er suchend um, von stummer Angst
beklommen,
Bis durchs Gesträuch, das aus den Spalten
nickt,
Sich eine Öffnung zeigt, die (wie er bald
befindet)
Der Anfang ist von einem schmalen Gang

Der durch den Felsen sich um eine Spindel
windet,
Fast senkrecht, mehr als hundert Stufen lang.

4.

Kaum hat er athemlos den letzten Tritt
erstiegen,
So stellt ein Paradies sich seinen Augen dar;
Und vor ihm steht ein Mann von edeln ernsten
Zügen,
Mit langem weißem Bart und silberweißem
Haar.
Ein breiter Gürtel schließt des braunen Rockes
Falten,
Und an dem Gürtel hängt ein langer Rosen-
kranz.
Bey diesem Ansehn war's, an solchem Orte,
ganz
Natürlich, ihn sogleich für was er war zu
halten.

5.

Doch Hüon — schwach vor Hunger, und
erstarrt
Vor Müdigkeit, und nun, in diesen wilden
Höhen,

Wo er so lang' umsonst auf Menschenanblick
harrt,
Und von der Felsen Stirn, die ringsum vor ihm
stehen,
Uralte Tannen nur auf ihn herunter wehen,
Auf einmahl überrascht von einem weifsen
Bart —
Glaubt wirklich ein Gesicht zu sehen,
Und sinkt zur Erde hin vor seiner Gegen-
wart.

6.

Der Eremit, kaum weniger betroffen
Als Hüon selbst, bebt einen Schritt zurück;
Doch spricht er, schnell gefafst: Hast du, wie
mich dein Blick
Und Ansehn glauben heifst, Erlösung noch zu
hoffen
Aus deiner Pein, so sprich, was kann ich für
dich thun,
Gequälter Geist? wie kann ich für dich büfsen,
Um jenen Port dir aufzuschliefsen
Wo, unberührt von Qual, die Frommen ewig
ruhn?

7.

So bleich und abgezehrt, mit Noth und Gram umfangen
Als Hüon schien, war der Verstoſs, in den
Der alte Vater fiel, nur allzu leicht begangen.
Allein, wie beide sich recht in die Augen sehn,
Und als der Greis aus Hüons Mund vernommen
Was ihn hierher gebracht, wiewohl sein Anblick schon
Ihm alles sagt, umarmt er ihn wie einen Sohn,
Und heiſst recht herzlich ihn in seiner Klaus' willkommen;

8.

Und führt ihn ungesäumt zu einem frischen Quell,
Der, rein wie Luft und wie Krystallen hell,
Ganz nah an seinem Dach aus einem Felsen quillet;
Und während Hüon ruht und seinen Durst hier stillet,

Eilt er und pflückt in seinem kleinen Garten
In einen reinlichen Korb die schönsten
    Früchte ab,
Die, für den Fleifs sie selbst zu bauen und zu
    warten,
Nicht kärglich ihm ein milder Himmel gab;

9.

Und hört nicht auf ihm sein Erstaunen zu
    bezeigen,
Wie einem, der sich nicht zwey Flügel ange-
    schraubt,
Es möglich war die Felsen zu ersteigen,
Wo, dreyfsig Jahre schon, er sich so einsam
    glaubt
Als wie in seinem Grab. „Es ist ein wahres
    Zeichen
Dafs euch ein guter Engel schützt:
Allein, setzt er hinzu, das nöthigste ist itzt
Dem jungen Weibe die Hand des Trosts zu
    reichen.

10.

„Ein sichrer Pfad, wiewohl so gut versteckt,
Dafs ohne mich ihn niemand leicht entdeckt,

Soll in der Hälfte Zeit, die du herauf zu dringen
Gebrauchtest, dich zu ihr, zurück euch beide bringen.
Was meine Hütte, was mein kleines Paradies
Zu eurer Nothdurft hat, ist herzlich euch erboten.
Glaubt, auch auf Heidekraut schmeckt Ruh der Unschuld süfs,
Und reiner fliefst das Blut bey Kohl und magern Schoten."

11.

Herr Hüon dankt dem gütigen alten Mann,
Der seinen Stab ergreift ihm selbst den Weg zu zeigen;
Und, dafs der Rückweg ihn nicht irre machen kann,
Bezeichnet er den Pfad mit frischen Tannenzweigen.
Noch eh' ins Abendmeer die goldne Sonne sinkt,
Hat den erseufzten Berg Amanda schon erstiegen,

Wo sie mit durstigen weit ausgehohlten Zügen
Den milden Strom des reinsten Himmels trinkt.

12.

In eine andre Welt, ins Zauberland der
    Feen,
Glaubt sie versetzt zu seyn; ihr ist als
    habe sie
Den Himmel nie so blau, so grün die Erde
    nie,
Die Bäume nie so frisch belaubt gesehen:
Denn hier, in hoher Felsen Schutz
Die sich im Kreis um diesen Lustort ziehen,
Beut noch der Herbst dem Wind von Norden
    Trutz,
Und Feigen reifen noch, und Pomeranzen
    blühen.

13.

Mit ehrfurchtbebender Brust, wie vor dem
    Genius
Des heil'gen Orts, fällt vor dem eisgrau'n Alten
Amanda hin, und ehrt die dürre Hand voll
    Falten,

Die er ihr freundlich reicht, mit einem frommen Kuſs.
In unfreywilligem Erguſs
Muſs ihn ihr Herz für einen Vater halten:
Die Furcht ist schon beym zweyten Blick verbannt;
Ihr ist, sie hätten sich ihr Leben lang gekannt.

14.

In seinem Ansehn war die angeborne Würde,
Die, unverhüllbar, auch durch eine Kutte scheint;
Sein offner Blick war aller Wesen Freund,
Und schien gewohnt, wiewohl der Jahre Bürde
Den Nacken sanft gekrümmt, stets himmelwärts zu schau'n;
Der innre Friede ruht auf seinen Augenbrau'n,
Und wie ein Fels, zu dem sich Wolken nie erheben,
Scheint überm Erdentand die reine Stirn zu schweben.

15.

Den Rost der Welt, der Leidenschaften
Spur,
Hat längst der Fluſs der Zeit von ihr hinweg
gewaschen.
Fiel' eine Kron' ihm zu, und es bedürfte nur
Sie mit der Hand im Fallen aufzuhaschen,
Er streckte nicht die Hand. Verschlossen der
Begier,
Von keiner Furcht, von keinem Schmerz
betroffen,
Ist nur dem Wahren noch die heitre Seele
offen,
Nur offen der Natur, und rein gestimmt
zu ihr.

16.

Alfonso nannt' er sich, bevor er aus den
Wogen
Der Welt geborgen ward, und Leon war das
Land
Das ihn gebar. Zum Fürstendienst erzogen,
Lief er mit Tausenden, vom Schein wie sie
betrogen,

Dem Blendwerk nach, das immer vor der Hand
Ihm schwebte, immer im Ergreifen ihm ent-
    schwand,
Dem schimmernden Gespenst, das ewig Opfer
    heischet,
Und, gleich dem Stein der Narr'n, die
    Hoffnung ewig täuschet.

17.

Und als er der dergestalt des Lebens beste Zeit
Im Rausch des Selbstbetrugs an Könige ver-
    pfändet,
Und Gut und Blut, mit feur'ger Willigkeit
Und unerkannter Treu', in ihrem Dienst ver-
    schwendet,
Sah er ganz unverhofft, im schönsten Mor-
    genroth
Der Gunst, durch schnellen Fall sich frey von
    seinen Ketten;
Noch glücklich, aus der Schiffbruchsnoth
Das Leben wenigstens auf einem Bret zu
    retten.

18.

In diesem Sturm, der alles ihm geraubt,
Blieb ihm ein Schatz, wodurch (ganz gegen
Hofes - Sitte)
Alfonso sich vollkommen schadlos glaubt,
Ein liebend Weib, ein Freund, und eine
Hütte.
Laſs, Himmel, diese mir! war nun die einz'ge
Bitte,
Die sein befriedigt Herz zu wagen sich erlaubt.
Zehn Jahre lang ward ihm, was er sich bat,
gegeben;
Allein, sein Schicksal war, auch dieſs zu über-
leben.

19.

Drey Söhn', im vollen Trieb der ersten
Jugendkraft,
Der eignen Jugend Bild, die Hoffnung grauer
Jahre,
Sie wurden durch die Pest ihm plötzlich weg-
gerafft.
Bald legt auch Schmerz und Gram die Mutter
auf die Bahre.

Er lebt, und niemand ist der mit dem Armen
weint,
Denn ach! verlassen hat ihn auch sein letzter
Freund!
Er steht allein. Die Welt die ihn umgiebet
Ist Grab — von allem Grab, was er, was ihn
geliebet.

20.

Er steht, ein einsamer vom Sturm entlaubter
Baum,
Die Quellen sind versiegt, wo seine Freuden
quollen.
Wie hätt' ihm itzt die Hütte, wo er kaum
Noch glücklich war, nicht schrecklich werden
sollen?
Was ist ihm nun die Welt? Ein weiter leerer
Raum,
Fortunens Spielraum, frey ihr Rad herum
zu rollen!
Was soll er länger da? Ihm brach sein letzter
Stab,
Er hat nichts mehr zu suchen — als ein Grab.

21.

Alfonso floh in dieses unwirthbare
Verlaſsne Eiland, floh mit fast zerstörtem Sinn
In dieſs Gebirg, und fand mehr als er suchte, drin,
Erst Ruh, und, mit dem stillen Fluſs der Jahre,
Zuletzt Zufriedenheit. Ein alter Diener, der
Ihn nicht verlassen wollt', die einz'ge treue Seele
Die ihm sein Unglück ließ, begleitet ihn hierher,
Und ihre Wohnung war nun eine Felsenhöhle.

22.

Allmählich hob sein Herz sich aus der trüben Flut
Des Grams empor; die Nüchternheit, die Stille,
Die reine freye Luft, durchläuterten sein Blut,
Entwölkten seinen Sinn, belebten seinen Muth.
Er spürte nun, daſs, aus der ew'gen Fülle
Des Lebens, Balsam, auch für seine Wunden, quille.

Oft brachte die Magie von einem Sonnenblick
Auf einmahl aus der Gruft der Schwermuth ihn
zurück.

23.

Und als er endlich dieſs Elysium gefunden,
Das, rings umher mit Wald und Felsen einge-
schanzt,
Ein milder Genius, recht wie für ihn,
gepflanzt,
Fühlt' er auf einmahl sich von allem Gram ent-
bunden,
Aus einer ängstlichen traumvollen Fiebernacht
Als wie zur Dämmerung des ew'gen Tags
erwacht.
Hier, rief er seinem Freund, vom unverhofften
Schauen
Des schönen Orts entzückt, hier laſs uns Hütten
bauen!

24.

Die Hütte ward erbaut, und, mit Verlauf der
Zeit,
Zur Nothdurft erst versehn, dann zur Gemäch-
lichkeit,

Wie sie dem Alter eines Weisen
Geziemt, der minder stets begehret als bedarf.
Denn, dafs Alfons, als er den ersten Plan
    entwarf
Von seiner Flucht, sich mit Geräth und Eisen,
Und allem was zur Hülle nöthig war,
Versehen habe, stellt von selbst sich jedem
    dar.

25.

Und so verlebt' er nun in Arbeit und Genufs
Des Lebens späten Herbst, beschäftigt seinen
    Garten,
Den Quell von seinem Überflufs,
Mit einer Müh, die ihm zu Wollust wird, zu
    warten.
Vergessen von der Welt, — und nur, als an
    ein Spiel
Der Kindheit, sich erinnernd aller Plage
Die ihm ihr Dienst gebracht, — beseligt seine
    Tage
Gesundheit, Unschuld, Ruh, und reines Selbst-
    gefühl.

26.

Nach achtzehn Jahren, starb sein redlicher
 Gefährte.
Er blieb allein. Doch desto fester kehrte
Sein stiller Geist nun ganz nach jener Welt
 sich hin,
Der, was er einst geliebt, itzt alles angehörte,
Der auch er selbst schon mehr als dieser ange-
 hörte.
Oft in der stillen Nacht, wenn vor dem äufsern
 Sinn
Wie in ihr erstes Nichts die Körper sich ver-
 lieren,
Fühlt' er an seiner Wang' ein geistiges
 Berühren.

27.*

Dann hört' auch wohl sein halb entschlummert Ohr,
Mit schauerlicher Lust, tief aus dem Hain
 hervor,
Wie Engelsstimmen sanft zu ihm herüber
 hallen.
Ihm wird als fühl' er dann die dünne Scheid-
 wand fallen,

Die ihn noch kaum von seinen Lieben trennt;
Sein **Innres** schliefst sich auf, die heil'ge Flamme brennt
Aus seiner Brust empor; sein Geist, im reinen Lichte
Der unsichtbaren Welt, sieht himmlische Gesichte.

23.

Sie dauern fort, auch wenn die Augen sanft betäubt
Entschlummert sind. Wenn dann die Morgensonne
Den Schauplatz der Natur ihm wieder aufschliefst, bleibt
Die vorige Stimmung noch. Ein Glanz von Himmelswonne
Verkläret Fels und Hain, durchschimmert und erfüllt
Sie durch und durch; und überall, in allen
Geschöpfen, sieht er dann des **Unerschaffnen Bild**,
Als wie in Tropfen Thau's das Bild der Sonne wallen.

29.

So fließt zuletzt unmerklich Erd' und Himmel
In seinem Geist in Eins. Sein Innerstes erwacht.
In dieser tiefen Ferne vom Getümmel
Der Leidenschaft, in dieser heil'gen Nacht
Die ihn umschließt, erwacht der reinste aller Sinne —
Doch — wer versiegelt mir mit unsichtbarer Hand
Den kühnen Mund, daß nichts unnennbars ihm entrinne?
Verstummend bleib' ich stehn an dieses Abgrunds Rand.

30.

So war der fromme Greis, vor dem mit Kindestrieben
Amanda niederfiel. Auch Er, so lang' entwöhnt
Zu sehn, wornach das Herz sich doch im stillen sehnt,
Ein menschlich Angesicht — erlabt nun an dem lieben,

Herzrührenden, nicht mehr gehofften Anblick
    sich,
Und drückt die sanfte Hand der Tochter
    väterlich,
Umarmt den neuen Sohn zum zweyten Mahl,
    und blicket
Sprachlosen Dank zu dem, der sie ihm zuge-
    schicket;

31.

Und führt sie ungesäumt nach seiner Ruhe-
    statt,
Zu seinem Quell, in seine Gartenlauben,
Bedeckt mit goldnem Obst und grofsen Pur-
    purtrauben,
Und setzt sie im Besitz von allem was
    er hat.
Natur, spricht er, bedarf weit minder als wir
    glauben;
Wem nicht an wenig g'nügt, den macht kein
    Reichthum satt:
Ihr werdet hier, so lang' die Prüfungstage
    währen,
Nichts wünschenswürdiges entbehren.

32.

Er sagte diefs, weil ihm der erste Blick
gezeigt
Was er nicht fragen will und Hüon ihm ver-
schweigt.
Denn beide, hatte gleich das Elend ihre Blüthe
Halb abgestreift, verriethen durch Gestalt
Und Sinnesart, wo nicht ein königlich Geblüte,
Doch sichrer einen Werth, dem selbst die
Allgewalt
Des Glücks nichts rauben kann vom reinen
Vollgehalt
Der innern angebornen Güte.

33.

Schon dreymahl wechselte der Tag sein
herbstlich Licht,
Seit diese Freystatt sie in ihrem Schoofse heget,
Und beide können noch sich des Gedankens
nicht
Entschlagen, dafs der Greis, der sie so freund-
lich pfleget,
Kein wahrer Greis, dafs er ein Schutzgeist ist,
Vielleicht ihr Oberon selbst, der ihres Fehls
vergifst,

Und, da sie schwer genug (däucht sie) dafür
  gebüſset,
Bald wieder glücklich sie zu machen sich ent-
  schlieſset.

34.

Nun schwindet zwar allmählich dieser Wahn,
Und ach! mit ihm stirbt auch, nicht ohne
  Schmerzen,
Die Hoffnung die er nährt; doch schmiegen
  ihre Herzen
Sich an ein Menschenherz nur desto stär-
  ker an.
Es war so sanft das Herz des guten Alten,
So zart sein Mitgefühl, sein innrer Sinn so
  rein,
Unmöglich konnten sie sechs Tage um ihn
  seyn
Und länger sich vor ihm verborgen halten.

35.

Der junge Mann, im Drang der Dank-
  barkeit
Und des Vertrau'ns, (zumahl da ihn zu fragen

Sein Wirth noch immer säumt) eröffnet unge-
scheut
Ihm seinen Nahmen, Stand, und was, seit
jener Zeit,
Da er zu Montlery des Kaisers Sohn
erschlagen,
Bis diesen Tag mit ihm sich zugetragen;
Durch welchen Auftrag Karl den Tod ihm
zugedacht,
Und wie er glücklich ihn mit Oberons Schutz
vollbracht;

36.

Und wie in einem Traum die Liebe sich ent-
sponnen,
Die ihn beym ersten Blick mit Rezia ver-
eint;
Wie er mit ihr aus Babylon entronnen,
Und das Verbot, das sein erhabner Freund
Ihm auferlegt, und wie, so bald er dessen
In einem Augenblick von Liebesdrang ver-
gessen,
Die ganze Natur sich gegen sie empört
Und ihres Schützers Huld in Rache sich ver-
kehrt.

37.

Wohl, spricht der edle Greis, wohl dem,
den sein Geschick
So liebreich, und zugleich so streng, als
dich, erziehet,
Den kleinsten Fehltritt ihm nicht straflos
übersiehet,
Wohl ihm! denn ganz gewiſs, das reinste
Erdenglück
Erwartet ihn. Auf Herzen wie die euern
Zürnt Oberon nicht ewig. Glaube mir,
Mein Sohn, sein Auge schwebt unsichtbar
über dir;
Verdiene seine Huld, so wird sie sich er-
neuern!

38.

Und wie verdien' ich sie? mit welchem
Opfer still'
Ich seinen Zorn? fragt Hüon rasch den Alten;
Ich bin bereit, es sey so schwer es will!
Was kann ich thun? — Freywillig dich ent-
halten,
Antwortet ihm Alfons: was du gesündigt
hast

Wird dadurch nur gebüſst. — Der junge
Mann erblaſst.
Ich fühl' es, spricht der Greis mit sanft errö-
thender Wange;
Allein, ich weiſs von wem ich es verlange!

39.

Ein edles Selbstgefühl ergreift den jungen
Mann:
„Hier hast du meine Hand!" Mehr ward kein
Wort gesprochen.
Und wohl ihm, der, nach mehr als hundert
Wochen,
Sich selbst das Zeugniſs geben kann,
Er habe sein Gelübde nicht gebrochen!
Es war der schönste Sieg den Hüon je
gewann.
Doch hat er oft die Furcht vorm Alten zu
erröthen,
Oft Rezia's standhaftern Ernst vonnöthen.

40.

Nichts unterhält so gut (versichert ihn der
Greis)
Die Sinne mit der Pflicht im Frieden,

Als fleifsig sie durch Arbeit zu ermüden;
Nichts bringt sie leichter aus dem Gleis
Als müfs'ge Träumerey. Um der zuvor zu
kommen,
Wird ungesäumt, so bald der Tag erwacht,
Die scharfe Axt zur Hand genommen,
Und Holz im Hain gefällt bis in die dunkle
Nacht.

41.

Noch eine Hütte für Amanden aufzu-
richten,
Und Dach und Wände wohl mit Leim und
Moos zu dichten,
Dann zum Kamin, der immer lodern mufs,
Und für den Herd, den nöthigen Überflufs
Von fettem Kien und klein gespaltnen Fichten
Hoch an den Wänden aufzuschichten,
Diefs und viel andres giebt dem Prinzen viel
zu thun:
Allein es hilft ihm Nachts auch desto besser
ruhn.

42.

Zwar Anfangs will es ihm nicht gleich nach
  Wunsch gelingen,
Die Holzaxt statt des Ritterschwerts zu
  schwingen;
Die ungewohnte Hand greift alles schwerer an,
Und in der halben Zeit hätt' es ein Knecht
  gethan.
Doch täglich nimmt er zu, denn Übung macht
  den Meister;
Und fühlt er dann und wann sich dem Erlie-
  gen nah,
So wehet der Gedank', es ist für Rezia,
Sein Feuer wieder an, und stärkt die matten
  Geister.

43.

Indessen Hüon sich im Wald ermüdet,
  pflegt
Der edle Greis, der mit noch festem Tritte
Die schwere Last von achtzig Jahren trägt,
Der Ruhe nicht; nur daſs er von der Hütte
Sich selten weit entfernt. Kein heitrer Tag
  entflieht,
Der nicht in seinem lieben Garten

Ihn diefs und das zu thun beschäftigt sieht.
Amandens Sorge ist des kleinen Herds zu
warten.

44.

Da sähe man (wiewohl, wenn Engel nicht
Mit stillem Blick ihr Ebenbild umweben,
Wer sieht sie hier?) mit heiterm Angesicht,
Auf dem die Sorgen nur wie leichte Wölkchen
schweben,
Die Königstochter gern sich jeder niedern
Pflicht
Der kleinen Wirthschaft untergeben:
Auch was sie nie gekannt, viel minder je
gethan,
Wie schnell ergreift sie es, wie steht ihr
alles an!

45.

Oft schürzt sie, ohne mindsten Harm
Dafs ihre zarte Haut den schönen Schmelz ver-
liere,
Beym Wassertrog, vor ihrer Hüttenthüre,
Den schlanken schwanenweifsen Arm.

Die Freud' (ihr süſser Lohn) den väterlichen
Alten
Und den geliebten Mann in einem Stand zu
halten,
Der von dem Drückendsten der Armuth sie
befreyt,
Veredelt, würdigt ihr des Tagwerks Niedrig-
keit.

46.

Und sieht sie dann (auch Er ist jener Engel
einer)
Der heil'ge Greis, der von der Arbeit kehrt,
Und segnet sie: o dann ist ihre Freude reiner
Und inniger, als würd' ihr dreymahl mehr
verehrt
Als sie zu Bagdad lieſs. Wenn dann bey Ster-
nenlichte
Die Nacht sie alle drey am Feuerherd vereint,
Und auf Amandens lieblichem Gesichte,
Das halb im Schatten steht, die Flamme wieder-
scheint:

47.

Dann ruht, mit stillem liebevollen
Entzückten Blick, der junge Mann auf ihr,
Und seine Seele schwillt, und süfse Thränen
rollen
Die dunkle Wang' herab. Tief schweiget die
Begier!
Sie ist ein überirdisch Wesen
Das ihm zum Trost erscheint — er ist beglückt
genug
Dafs er sie lieben darf, und o! in jedem Zug,
In jedem keuschen Blick, dafs er geliebt ist,
lesen!

48.

Oft sitzen sie, der fromme freundliche
Greis
In ihrer Mitt', Amanda seine rechte
In ihrer linken Hand, und hören halbe
Nächte
Ihm zu, von seiner langen Lebensreis'
Ein Stück, das ihm lebendig wird, erzählen.
Vom Antheil, den die warmen jungen Seelen

An allem nehmen, wird's ihm selber warm
dabey,
Dann werden unvermerkt aus zwey Geschich-
ten drey.

49.

Zuweilen, um den Geist des Trübsinns zu
beschwören,
Der, wenn die Flur in dumpfer Stille trau'rt,
Im Schneegewölk mit Eulenflügeln lau'rt,
Läfst Hüon seine Kunst auf einer Harfe hören,
Die er von ungefähr in einem Winkel fand,
Lang' ungebraucht, verstimmt, und kaum noch
halb bespannt:
Doch scheint das schnarrende Holz von Orfeus
Geist beseelet,
So bald sich Rezia's Gesang mit ihm ver-
mählet.

50.

Oft lockte sie ein heller Wintertag,
Wenn fern die See von strenger Kälte rauchte,
Der blendend weifse Schnee dicht auf den
Bergen lag,

Und itzt die Abendsonn' ihn wie in Purpur
tauchte,
Dann lockte sie der wunderschöne Glanz
Im reinen Strom der kalten Luft zu baden.
Wie mächtig fühlten sie sich dann gestärkt! wie ganz
Durchheitert, neu belebt, und alles Grams ent-
laden!

51.

Unmerklich schlüpfte so die Winterzeit vor-
bey.
Und nun erwacht aus ihrem langen Schlummer
Die Erde, kleidet sich aufs neu
In helles Grün; der Wald, nicht mehr ein
stummer
Verödeter Ruin, wo nur die Pfeiler stehn
Der pracht'gen Laubgewölb' und hohen Schat-
tengänge
Des Tempels der Natur, steht wieder voll und
schön,
Und Laub drückt sich an Laub in lieblichem
Gedränge.

52.

Mit Blumen decket sich der Busen der Natur,
Aufblühend lacht der Garten und die Flur;
Man hört die Luft von Vogelsang erschallen;
Die Felsen stehn bekränzt; die fliefsenden Krystallen
Der Quellen rieseln wieder rein
Am frischen Moos herab; den immer dichtern Hain
Durchschmettert schon, im lauen Mondenschein,
Die stille Nacht hindurch, das Lied der Nachtigallen.

53.

Amanda, deren Ziel nun immer näher rückt,
Sucht gern die Einsamkeit, sucht stille dunkle Steige
Im Hain sich aus, und dicht gewölbte Zweige.
Da lehnt sie oft, von Ahnungen gedrückt,
An einem blüh'nden Baum, und freuet sich des Webens

Und Sumsens und Gedrängs und allgemeinen
    Lebens
In seinem Schoofs — und drückt mit vorem-
    pfundner Lust
Ein lieblich Kind im Geist an ihre Brust:

54.

Ein lieblich Kind, das ihre Mutterliebe
Mit jedem süfsen Reitz verschwenderisch
    begabt,
Sich schon voraus an jedem zarten Triebe,
Der ihm entkeimt, sich schon am ersten
    Lächeln labt,
Womit es ihr die Leiden alle danket
Die sie so gern um seinetwillen trug,
Sich labt an jedem schönen Zug
Worin des Vaters Bild sanft zwischen ihrem
    schwanket.

55.

Allmählich wird der wonnigliche Traum
Von schüchternen Beängstigungen
Und stillem Gram, den sie vor Hüon
    kaum

Verbergen kann und doch verbirgt, verdrungen.
Ach Fatme, denkt sie oft, und Thränen stehen ihr
Im Auge, wärest du in dieser Noth bey mir!
Getrost, o Rezia! das Schicksal, das dich leitet,
Hat dir zu helfen längst die Wege vorbereitet!

56.

Titania, die Elfenkönigin,
Sie hatte seit dem Tag, da Trotz und Widersinn
So unvermuthet sie um Oberons Herz betrogen,
Sich in diefs nehmliche Gebirg zurückgezogen.
Mit dem Gemahl, der ihr durch einen Schwur entsagt,
Den unterm unbegrenzten Bogen
Des himmlischen Azurs kein Geist zu brechen wagt,
Mit seiner Lieb' und ihm war all' ihr Glück entflogen.

57.

Zu spät beweint sie nun die eitle, rasche That
Des Augenblicks; fühlt mit beschämten Wangen
Die Gröfse ihrer Schuld, den schweren Hochverrath
Den sie an ihm und an sich selbst begangen.
Vergebens kämpft ihr Stolz der stärkern Zärtlichkeit
Entgegen! — Ach! sie flöge himmelweit,
Und würfe gern, um ihr Vergehn zu büfsen,
In Thränen sich zu des Erzürnten Füfsen!

58.

Was hälf' es ihr? Er schwor, in Wasser noch in Luft,
Noch wo im Blüthenhain die Zweige Balsam regnen,
Noch wo der hagre Greif in ewig finstrer Gruft
Bey Zauberschätzen wacht, ihr jemahls zu begegnen!
Vergebens käm' ihn selbst die späte Reue an;
Auf ewig fesselt ihn der Schwur den er gethan.

Ihn auszusöhnen bleibt ihr keine Pforte offen!
Denn von der einz'gen, ach! was ist von der
zu hoffen?

59.

Sie ist auf ewig zu. Denn nur ein liebend
Paar,
Wie keines ist, wie niemahls eines war
Noch seyn wird, schliefst sie auf. Von schwa-
chen Adamskindern
Zu hoffen eine Treu', die keines Sturmwinds
Stofs
Erschüttert, eine Treu', die keine Probe
mindern,
Kein Reitz betäuben kann? Unmöglich! —
Hoffnungslos
Sinkt in der fernsten Zukunft dunkeln Schoofs
Ihr thränenschwerer Blick; nichts kann ihr
Elend mindern!

60.

Verhafst ist ihr nunmehr der Elfen Scherz,
der Tanz
Im Mondenlicht, verhafst in seinem Rosen-
kleide

Der schöne May. Ihr schmückt kein Myr-
 tenkranz
Die Stirne mehr. Der Anblick jeder Freude
Reifst ihre Wunden auf. Sie flattert durch
 das Leer
Der weiten Luft im Sturmwind hin und her,
Find't nirgends Ruh, und sucht mit trübem
 Blicke
Nach einem Ort, der sich zu ihrer Schwer-
 muth schicke.

61.

Zuletzt entdeckt sich ihr im grofsen Ocean
Diefs Eiland. Aufgethürmt aus schwarzen
 ungeheuern
Ruinen, lockt es sie durch seine Schwärze an
Den irren Flug dahin zu steuern.
Es stimmt zu ihrem Sinn. Sie taumelt aus
 der Luft
Herab, und stürzet sich in eine finstre Gruft
Um ungestört ihr Daseyn wegzuweinen,
Und, unter Felsen, selbst, wo möglich, zu
 versteinen.

62.

Schon siebenmahl, seitdem Titania
Diefs traurige Leben führt, verjüngte sich
 die Erde
Ihr unbemerkt. Als wie auf einem Opfer-
 herde
Liegt sie auf einem Stein, den Tod erwar-
 tend, da;
Der Tag geht auf und sinkt, die holde Schat-
 tensonne
Beleuchtet zauberisch die Felsen um sie her;
Vergebens! strömten auch die Quellen aller
 Wonne
Auf einmahl über sie, ihr Herz blieb wonne-
 leer.

63.

Das einz'ge, was ihr noch, mit einem Traum
 des Schattens
Von Trost, ihr ewig Leid versüfst,
Ist, dafs vielleicht der Zustand ihres Gattens
Dem ihren gleicht, und Er vielleicht noch
 härter büfst.

Gewiſs, noch liebt er sie! und o! wofern er liebet,
Er, durch sich selbst verdammt zum Schöpfer ihrer Pein
Und seiner eignen Qual, wie elend muſs er seyn!
So elend, daſs sie gern ihm ihren Theil vergiebet!

64.

Doch, da für jede Seelenwunde,
Wie tief sie brennt, die Zeit, die groſse Trösterin,
Den wahren Balsam hat: so kam zuletzt die Stunde
Auch bey Titania, da ihr verdumpfter Sinn
Sich allgemach entwölkt, ihr Herz geduld'ger leidet,
Und ihre Fantasie in Grün sich wieder kleidet;
Sie giebt den Schmeicheley'n der Hoffnung wieder Raum,
Und was unmöglich schien wird itzt ihr Morgentraum.

65.

Auf einmahl grauet ihr vor diesen düstern
    Schlünden,
Worin sie einst sich gern gefangen sah;
Schnell muſs aus ihrem Aug' ein Theil der
    Klippen schwinden,
Und ein Elysium steht blühend vor ihr da.
Auf ihren leisen Ruf erschienen
Drey liebliche Sylfiden, die ihr dienen;
Ein schwesterliches Drey, das ihren Gram
    zerstreut,
Und der Verlaſsnen, mehr aus Lieb' als Pflicht,
    sich weiht.

66.

Das Paradies, das sich die Elfenkönigin
In diese Felsen schuf, war eben das, worin
Alfonso schon seit dreyſsig Jahren wohnte;
Und, ihm unwissend, war's die Grotte, wo
    sie thronte,
Woraus ihm, durchs Gebüsch vom Nachtwind
    zugeführt,
Der liebliche Gesang, gleich Engelsstimmen,
    hallte;

Sie war's, die ungesehn bey ihm vorüber
. wallte,
Wenn er an seiner Wang' ein geistig Weh'n
verspürt.

67.

Auch unsre Liebenden, vom Tag an, da die
Wogen
An dieses Eiland sie getragen, hatte sie
Bemerkt, und täglich spät und früh
Erkundigung von ihnen eingezogen.
Oft stand sie selbst, wenn jene sich allein
Vermeinten, ungesehn, sich näher zu belehren;
Und was sie hört' und sah gab ihr den Zwei-
fel ein,
Ob sie vielleicht das Paar, das sie erwartet,
wären.

68.

Je länger sie auf ihr Betragen merkt,
Je mehr sie sich in ihrer Hoffnung stärkt.
Sind Hüon und Amanda die getreuen
Probfesten Seelen nicht, die Oberon begehrt,
So mag sie ihrer nur auf ewig sich verzeihen!

Von nun an sind sie ihr wie ihre Augen
werth,
Und sie beschliefst, mit ihren kleinen Feen
Dem edlen jungen Weib unsichtbar beyzu-
stehen.

69.

Die Stunde kam. Von dumpfer Bangigkeit
Umher getrieben, irrt Amanda im Gebüsche,
Das um die Hütten her ein liebliches Gemische
Von Wohlgeruch zum Morgenopfer streut.
Sie irret fort, so wie der schmale Pfad sich
windet,
Bis sie sich unvermerkt vor einer Grotte findet,
Die ein Geweb von Efeu leicht umkränzt,
Auf dessen dunkelm Schmelz die Morgen-
sonne glänzt.

70.

Alfonso hatte oft vordem hinein zu gehen
Versucht, und allemahl vergebens; eben diefs
War seinem alten Freund, war Hüon selbst
geschehen,
So oft er, um des Wunders sich gewifs

Zu machen, es versucht. Sie hatten nichts
              gesehen:
Sie fühlten nur ein seltsam Widerstehen,
Als schöbe sich ein unsichtbares Thor,
Indem sie mit Gewalt eindringen wollten, vor.

71.

Schnell überfiel sie dann ein wunderbares
              Grauen;
Sie schlichen leise sich davon,
Und keiner wollte sich der Probe mehr
              getrauen.
Man weiſs nicht, ob Amanda selbst es schon
Zuvor versucht; genug, sie konnte dem
              Gedanken,
Die erste, der's geglückt, zu seyn,
Nicht widerstehn; sie schob die Efeuranken
Mit leichter Hand hinweg, und — ging hinein.

72.

Kaum sah sie sich darin, so kam ein heim-
            lich Zittern
Sie an; sie sank auf einen weichen Sitz
Von Rosen und von Moos. Itzt fühlt sie,
            Blitz auf Blitz,

Ein schneidend Weh Gebein und Mark
    erschüttern.
Es ging vorbey. Ein angenehm Ermatten
Erfolgte drauf. Es ward wie Mondesschein
Vor ihrem Blick, der stets in tiefre Schatten
Sich taucht', und, sanft sich selbst verlierend,
    schlief sie ein.

73.

Itzt dämmern liebliche verworrene Gestalten
In ihrem Innern auf, die bald vorüber fliehn,
Bald wunderbar sich in einander falten.
Ihr däucht, sie seh' drey Engel vor ihr knien,
Und ihr verborgene Mysterien verwalten,
Und eine Frau, gehüllt in rosenfarbnes
    Licht,
Steh' neben ihr, so oft der Athem ihr
    gebricht
Ein Büschel Rosen ihr zum Munde hin zu
    halten.

74.

Zum letzten Mahl beklemmt ihr höher
    schlagend Herz
Ein kurzer sanft gedämpfter Schmerz;

Die Bilder schwinden weg, und sie verliert
 sich wieder.
Doch bald, erweckt vom Nachklang süfser
 Lieder
Der halb verweht aus ihrem Ohr entflieht,
Schlägt sie in ihrem Traum die Augen auf,
 und sieht
Die Drey nicht mehr, sieht nur die Königin
 der Feen
In Rosenglanz sanft lächelnd vor ihr stehen.

75.

Auf ihren Armen liegt ein neu geboren
 Kind.
Sie reicht's Amanden und verschwebet
Vor ihren Augen, wie im Morgenwind
Ein Wölkchen schmilzt aus Blumenduft
 gewebet.
Im gleichen Nu entwacht Amanda ihrem
 Traum,
Und streckt die Arme aus, als wollte sie den
 Saum
Des rosigen Gewandes noch erfassen;
Umsonst! sie greift nach Luft, sie ist allein
 gelassen.

76.

Doch, einen Pulsschlag noch, und wie
unnennbar grofs
Ist ihr Erstaunen, ihr Entzücken!
Kaum glaubt sie dem Gefühl, kaum traut sie
ihren Blicken!
Sie fühlt sich ihrer Bürde los,
Und zappelnd liegt auf ihrem sanften Schoofs
Der schönste Knabe, frisch wie eine Mor-
genros'
Und wie die Liebe schön! Mit wonnevollem
Beben
Fühlt sie ihr Herz sich ihm entgegen heben.

77.

Sie fühlt's, es ist ihr Sohn! — Mit Thränen
inniger Lust
Gebadet, drückt sie ihn an Wange, Mund
und Brust,
Und kann nicht satt sich an dem Knaben sehen.
Auch scheint der Knabe schon die Mutter zu
verstehen.
Lafst ihr zum mindsten den Genufs
Des süfsen Wahns! Er schaut aus seinen hellen
Augen

Sie ja so sprechend an — und scheint nicht
               jeden Kuſs
Sein kleiner Mund dem ihren zu entsaugen?

78.

Sie hört den stillen Ruf — wie leise hört
Ein Mutterherz! — und folgt ihm unbelehrt.
Mit einer Lust, die, wenn sie neiden könnten,
Die Engel, die auf sie herunter sahn,
Die Engel selbst beneidenswürdig nennten,
Legt sie an ihre Brust den holden Säugling an.
Sie leitet den Instinkt, und läſst nun an den
               Freuden
Des zartsten Mitgefühls ihr Herz vollauf sich
               weiden.

79.

Indessen hat im ganzen Hain umher
Ihr Hüon sie gesucht, zwey ängstlich lange
               Stunden,
Und, da er nirgends sie gefunden,
Führt ihn zuletzt sein irrer Fuſs hierher.
Er nähert sich der unzugangbar'n Grotte;
Nichts hält ihn auf, er kommt — o welch
               ein Augenblick!

Und sieht das holde Weib, mit einem Lie-
    besgotte
An ihrer Brust, vertieft, verschlungen in ihr
    Glück.

80.

Ihr, denen die Natur, beym Eingang in
    diefs Leben,
Den überschwenglichen Ersatz
Für alles andre Glück, den unverlierbar'n
    Schatz,
Den alles Gold der Aureng-Zeben
Nicht kaufen kann, das beste in der Welt
Was sie zu geben hat, und was ins befsre
    Leben
Euch folgt, ein fühlend Herz und rei-
    nen Sinn gegeben,
Blickt hin und schaut — Der heil'ge Vor-
    hang fällt!

Varianten.

Stanze 2. Vers 7.

(*a*) — — in Felsen eingeschlossen

St. 5. V. 1, 2.

(*c*) Allein, vor Hunger schwach, vor Müdigkeit
erstarrt,
Und nun in diesen wilden Höhen,

V. 7.

(*c*) Glaubt Hüon ein Gesicht zu sehen,

V. 6, 7.

(*a. b*) — — — von einem weißen Bart,
Der ihn so lieblich schreckt — glaubt ein
Gesicht zu sehen,

St. 7. V. 7.

(c) — — — Umarmt er ihn wie seinen Sohn,

St. 8. V. 6.

(c) In einen Korb u. s. w.

St. 11. V. 1.

(c) Herr Hüon dankt dem guten alten Mann,

St. 16. V. 6.

Ihm schwebt, und immer u. s. w.

St. 19. V. 6.

(a) — — — sein einz'ger Freund!

St. 20. V. 6.

(a) Des Glückes Spielraum, u. s. w.

St. 21. V. 6.

(c) Ihn nicht verlassen kann, u. s. w.

St. 25. V. 3.

Den Quell von seinem armen Überfluſs,

V. 4.

(c) Mit einer Mühe, die ihm Wollust wird,
zu warten.

St. 27. V. 2.

(c) Mit schauderlicher Lust, u. s. w.

Mit der 32sten Stanze schliefst sich in der ersten Ausgabe der neunte Gesang.

St. 33. V. 6.

(*c*) Vielleicht selbst Oberon! u. s. w.

St. 37. V. 2.

(*a*) So liebreich, und zugleich so streng erziehet,

St. 52. V. 4, 5.

— — — die fliefsenden Krystallen
Der Quellen perlen wieder rein

St. 55. V. 4, 5.

Verbergen kann und doch verbergen will, u. s. w.
O Fatme,

St. 57. V. 1, 2.

Zu spät beweint sie nun die unbesonnene That
Des raschen Augenblicks; u. s. w.

St. 58. V. 8.

Die einz'ge die ihr bleibt, was ist von der zu hoffen?

St. 68. V. 5.

So muſs sie ihrer nur auf ewig sich verzeihen!

St. 72. V. 4.

(c) Ein schneidend reiſsend Weh u. s. w.

St. 74. V. 6.

Schlägt sie die Augen auf, und sieht

V. 8.

In ihrem Rosenglanz u. s. w.

St. 75.

Auf ihren Armen lag ein neu geboren Kind.
Sie reicht's Amanden hin, und, wie verweht
vom Wind,
Entschwebt die Göttin ihrem Blicke;
Doch blieb noch lang' ein Rosenduft zurücke.
Im gleichen Nu erwacht Amand' aus ihrem
Traum,
Und streckt den Arm empor, als wollte sie
den Saum
Des rosigten Gewandes noch erfassen;
Umsonst! sie greift nach Luft, und ist allein
gelassen.

St. 76. V. 1.

(c) Nur einen Pulsschlag noch, u. s. w.

St. 77. V. 6.

(a) — — Er schaut aus seinen grofsen Augen

St. 78. V. 7.

(c) Sie leitet der Instinkt, u. s. w.

OBERON

NEUNTER GESANG.

NEUNTER GESANG.

1.

Es ist nun Zeit, uns auch nach Fatmen umzuschauen,
Die wir, seit Rezia mit Hüon sich ins Meer
Gestürzt, im Schiff, allein und alles Trostes leer
Gelassen, Tag und Nacht das Schicksal ihrer Frauen
Beweinend, und ihr eignes freylich auch.
Denn ach! sie weint, sie schreyt, sie rauft ihr Haar vergebens;
Er ist verweht, mit einem einzigen Hauch
Verweht, der ganze Bau der Ruhe ihres Lebens.

2.

Was soll nun aus ihr werden, so allein
In einem Schiff, von zügellosen Söhnen
Des rauhen Meers umringt, die ihren Jammer
höhnen,
Mit frechen Augen schon, berauscht in feu-
rigem Wein,
Verschlingen ihren Raub — was wird ihr
Schicksal seyn?
Zum Glück erbarmet sich der schutzberaubten
Schönen
Ein unverhoffter Sturm, der in der zweyten
Nacht
Die See zum Tummelplatz empörter Wogen
macht.

3.

Die Pinke treibt, indefs ein allgemeines
Zagen
Das Volk entnervt, auf ungewissem Meer
Herum gejagt, bald west- bald südwärts hin
und her;
Bis, da der Winde Wuth in sieben schreck-
lichen Tagen

Erschöpft ist, an den Strand von Tunis sich
    verschlagen
Der Hauptmann sieht. Den Zufall, der ihn
    sehr
Zur Unzeit überrascht, in Vortheil zu ver-
    wandeln,
Beschließt er Fatmen hier als Sklavin zu ver-
    handeln.

4.

Denn Fatme, die kaum vier und dreyßig-
    mahl
Den May sein Blumenkleid entfalten
Gesehn, war eine aus der Zahl
Der lange blühenden Gestalten,
Die nicht so leicht verwittern noch veralten,
Und die mit Reitzen von Gewicht,
Viel Feu'r im Blick, viel Grübchen im Gesicht,
Euch für den Rosenglanz der Jugend schadlos
    halten.

5.

Des Königs Gärtner kam durch Zufall auf
    den Platz,
Wo alles das um hundert Sultaninen

Zu kaufen war. Es schien Bemerkung zu
 verdienen.
Er trat hinzu, besah's und fand es sey ein
 Schatz.
Sein grauer Kopf ward nicht zu Rath gezogen.
Es fehlte, dünkt ihn, nichts in seinem
 Gulistan
Als eben diefs. Das Gold wird hurtig vor-
 gewogen,
Und Fatme duldet still was sie nicht ändern
 kann.

6.

Indefs verfolgt mit stets gewognem Winde
Der treue Scherasmin den anbefohlnen Lauf.
Kaum nahm Massiliens Port ihn wohl-
 behalten auf,
So setzt er sich zu Pferd, und eilt so schnell,
 als stünde
Sein Leben drauf, zum Kaiser nach Paris.
Er hatte schon den Märt'rerberg erstiegen
Und sah im Morgenroth die Stadt noch
 schlummernd liegen,
Als plötzlich sich sein Kopf an einen Zweifel
 stiefs.

7.

„Halt, sprach sein Geist zu ihm, und eh' wir
weiter traben,
Bedenke wohl was du beginnst, mein Sohn!
Zwar sollte das dein weiser Schädel schon
Zu Askalon erwogen haben,
Obgleich der Wind, der dort in Hüons
Segel blies,
Dir wenig Zeit zum Überlegen liefs.
Doch, wenn wir ehrlich mit einander sprechen
wollen,
Du hättest damahls dich ganz anders sträuben
sollen.

8.

„Denn, unter uns gesagt, es ist doch offenbar
Kein Menschensinn in dieser Ambassade.
Den Kaiser, der vorhin uns nie gewogen war,
Erbittert sie gewifs im höchsten Grade.
Am Ende wär' es nur ums reiche Kästchen
Schade!
Denn, wahrlich, mit der Hand voll Zie-
genhaar,

Und mit den Zähnen da, Gott weifs aus
welchem Rachen,
Wird deine Excellenz sehr wenig Eindruck
machen.

9.

„Ja, wenn Herr Hüon selbst, mit statt-
lichem Geleite
Von Reisigen, Trabanten und so fort,
Und mit der Tochter des Kalifen an der Seite
Herein geschritten wär', und hätte selbst das
Wort
Geführt, und mit gehörigen Grimassen,
Wie einem Ritter, *Duc* und *Pair*
Geziemt, auf rothem Sammt, von goldnen
Quasten schwer,
Die Sachen überreicht — da wollt' ich's gelten
lassen!

10.

„Da kommt des Aufzugs Pracht, die Fei'r-
lichkeit, der Glanz
Der Sultanstochter, an der Hand des stolzen
Gatten,

Kurz, jeder Umstand kommt dem andern da
zu Statten,
Und trägt das Seine bey, die Sache rund und
ganz
Zu machen. Karlen bleibt nichts weiter ein-
zuwenden,
Er hat den Glauben in den Augen und in
Händen;
Der Ritter hat sein Wort gehalten als ein
Mann,
Und fordert frey was ihm kein Recht ver-
sagen kann.

11.

„Das alles geht auf einmahl in die Brüche,
Freund Scherasmin, wenn du nicht klüger
bist
Als der dich abgeschickt. Wohlan, was Raths?
was ist
Zu thun? — Das beste wär', auf allen Fall,
er schliche
Mit seinem Kästchen sich ganz sachte wie-
der ab
Eh' jemand ihn bemerkt, und ritt' im grofsen
Trab

Geraden Wegs nach Rom, dem Freyport aller
Frommen,
Wo hoffentlich sein Herr inzwischen ange-
kommen."

12.

So sprach zu Scherasmin sein beſsrer
Genius:
Und da er ihm nach langem Überlegen
Nichts klügers, wie ihn dünkt, entgegen
Zu setzen hatte, war sein endlicher Entschluſs,
Der guten Stadt Paris das Schulterblatt zu
weisen,
Und sporenstreichs nach Rom zu seinem Herrn
zu reisen.
Er übersteigt die Alpen, langet an,
Und gleich sein erster Gang ist — nach dem
Lateran.

13.

Allein, umsonst ermüdet er mit Fragen
Nach seinem Herrn den Schweizer, der die
Wach'
Am Thore hat, umsonst das ganze Vorgemach,

Kein Mensch kann ihm ein Wort von Ritter
 Hüon sagen.
Vergebens rennet er die Stadt von Haus zu
 Haus
Und alle Kirchen und Spitäler fragend aus,
Und schildert ihn vom Fersen bis zur Scheitel
Den Leuten vor, — all' seine Müh ist eitel.

14.

Vier ewige Wochen lang, und dann noch
 zwey dazu,
Verweilt er sich in stets betrognem Hoffen,
Läfst keinen Tag sich selbst noch andern Ruh
Mit Forschen, ob sein Prinz denn noch nicht
 eingetroffen;
Und, da kein Warten hilft, beginnt er überlaut
Den grofsen Schwur des Baskenvolks zu
 fluchen,
Und schwört, so weit der Himmel blaut,
In einem Pilgerkleid den Ritter aufzusuchen.

15.

Was konnt' er anders thun? Sein Geld war
 aufgezehrt,
Und eine Perle nur vom Kästchen anzugreifen,

(Das billig hundertfachen Werth
In Hüons Augen hat, weil's Oberon ihm
    verehrt)
Eh' liefs' er sich den Balg vom Leibe streifen!
Von einem Pilgersmann wird weder Gold
    begehrt
Noch Silbergeld; er kann mit Muschelschalen
Und Litaney'n die halbe Welt bezahlen.

16.

So bettelt nun zwey Jahre lang und mehr
Der treue unverdrofsne Alte
Sich durch die Welt die Länge und die
    Quer',
Und macht an jedem Port, auf jeder Insel
    Halte,
Fragt überall vergebens seinem Herrn
Und seiner Dame nach — bis ihn zuletzt sein
    Stern,
Und ein geheimer Trieb, der seine Hoffnung
    schüret,
Nach Tunis vor die Thür des alten Gärtners
    führet.

17.

Er setzt sich dort auf eine Bank von Stein,
Um, müd' und schwach von langem Fasten,
Im Schatten da ein wenig auszurasten,
Und eine Sklavin bringt ihm etwas Brot
 und Wein.
Sie sieht dem Mann im braunen Pilgerkleide
Erstaunt ins Aug', und er der Sklavin ebenfalls,
Und, sich mit einem Schrey des Schreckens
 und der Freude
Erkennend, fallen sie einander um den Hals.

18.

Bist du es, Fatme? ruft an ihrer nassen
 Wange
Der Pilger freudig aus; ist's möglich? —
 Ach! schon lange
Ließ Scherasmin die Hoffnung sich
 vergehn!
Ist's möglich daß wir uns zu Tunis wie-
 dersehn?
Was für ein Wind hat euch in diese Heiden-
 lande
Verweht? Und wo ist Hüon und Amande?

Ach, Scherasmin, schreyt Fatme laut, und
bricht
In Thränen aus — Sie sind — Ich Arme! —
Frage nicht!

19.

Was sagst du? ruft der Alte — Gott verhüte!
Was sind sie? Sprich! — „Ach, Scherasmin,
sie sind —"
Mehr bringt sie nicht heraus! Das stockende
Geblüte
Erstickt die Red' in ihrer Brust — Sie sind? —
O Gott! schluchzt Scherasmin, und weinet
wie ein Kind
An Fatmens Hals — In ihrer vollen Blüthe!
Das ist zu hart! Allein mir schwante lang'
vorher
Nichts gutes! Fatme — ach! die Probe war
zu schwer!

20.

So bald die gute Frau zum kläglichen
Berichte
Nur wieder Athem hat, erzählt sie Stück für
Stück,

Von seiner Abreis' an bis auf den Augenblick
Der Schreckensnacht — da, beym auffackeln-
den Lichte
Der Blitze, Rezia durch alles Volk, das dichte
Auf Hüon drängt, sich stürzt, den Arm in
Liebeswuth
Um den Geliebten schlingt und in die wilde
Flut
Ihn mit sich reifst, — die traurige Geschichte.

21.

Drauf sitzen sie wohl eine Stunde lang
Beysammen, sich recht satt zu klagen und zu
weinen,
Und beide sich, aus treuem Liebesdrang,
Zum Preis des schönsten Paares zu vereinen,
Das je die Welt geziert. Nein, ruft sie viel-
mahls, nie,
Nie werd' ich eine Frau, wie diese, wieder
sehen!
Noch ich, ruft Scherasmin in gleicher
Melodie,
Je einem Fürstensohn wie Er zur Seite
stehen!

22.

Zuletzt, nachdem er sich wohl dreymahl
 sagen lassen
Wie alles sich begab, geht ihm ein schwacher
 Schein
Von Glauben auf, und läfst ihn Hoffnung fassen,
Sie könnten beide doch vielleicht gerettet seyn.
Je mehr er es bedenkt, je minder geht ihm ein,
Dafs Oberon auf ewig sie verlassen.
In allem dem, was er für sie gethan,
War Absicht, wie ihn däucht, und ein geheimer
 Plan.

23.

Bey diesem schwachen Hoffnungsschimmer,
Der wie ein fernes Licht in tiefer Nacht ihm
 scheint,
Entschliefst er sich, von Fatmen nun sich
 nimmer
Zu trennen, und, mit ihr durch gleichen
 Schmerz vereint,
Des Schicksals Aufschlufs hier in Tunis abzu-
 warten.
Durch ihren Vorschub tauscht er Pilgerstab
 und Kleid

Mit einem Sklavenwamms und einem Grabe-
scheid,
Und dient um Tagelohn im königlichen Garten.

24.

Indessen **Fatme** und der wackre **Sche-
rasmin**
Die Blumenfelder, die sie bauen,
Wie ihrer Lieben Grab, mit Thränen oft
bethauen;
Sieht **Hüon**, seit sein prüfend Schicksal ihn
In jene Einsied'ley voll Anmuth und voll
Grauen
Verbannt, nicht ohne Gram den dritten Früh-
ling blühn.
Unmöglich kann er noch sein Heldenherz ent-
wöhnen,
Ins Weltgetümmel sich mit Macht zurück zu
sehnen.

25.

Der kleine **Hüonnet**, das schönste Mit-
telding
Von mütterlichem Reitz und väterlicher Stärke,

Das je am Hals von einer Göttin hing,
Und wahrlich doch zu anderm Tagewerke
Bestimmt, als mit der Axt auf seiner Schulter
    einst
Ins Holz zu gehn, vermehrt nur seinen
    Kummer.
Auch dich, o Rezia, in Nächten ohne
    Schlummer,
Belauscht dein Engel oft, wenn du im Stillen
    weinst.

26.

Tief fühlt ihr beid' in dieser Jugendblüthe,
Daſs Abgeschiedenheit euch unnatürlich ist,
Fühlt Kraft zu edlerm Thun in eurer Brust,
    vermiſst
Des Heldensinns, der unbegrenzten Güte
Gleich unbegrenzten Kreis! — Umsonst bemühn
    sie sich
Die Thräne, die dem abgewandten Aug' ent-
    schlich,
Dem alten Vater zu verhehlen;
Ihr Lächeln täuscht ihn nicht, er liest in ihren
    Seelen.

27.

Und ob ihm diese Welt gleich nichts mehr
ist, doch stellt
Er sich an Ihren Platz, in das was sie ver-
loren,
Was ihnen zugehört, wozu sie sich geboren
Empfinden — fühlt aus Ihrer Brust, und hält
Die Thräne für gerecht, die sie vor ihm aus
Liebe
Verbergen, tadelt nicht die unfreywilligen
Triebe,
Und frischt sie nur, so lang' als ihren Lauf
Das Schicksal hemmt, zu stillem Hoffen auf.

28.

An einem Abend einst — das Tagwerk war
vollbracht,
Und alle drey, (Amande mit dem Knaben
Auf ihrem Schoofs) um an der herrlichen
Pracht
Des hell gestirnten Himmels sich zu laben,
Sie safsen vor der Hütt' auf einer Rasenbank,
Versenkten sich mit ahnungsvollem Grauen

In dieses Wundermeer, und blickten stillen Dank
Zu ihm, der sie erschuf — gen Himmel aufzuschauen:

29.

Da fing der fromme Greis, mit mehr gerührtem Ton
Als sonst, zu reden an von diesem Erdenleben
Als einem T r a u m, und vom Hinüberschweben
Ins w a h r e S e y n. — Es war, als wehe schon
Ein Hauch von Himmelsluft zu ihm herüber,
Und trag' ihn sanft empor indem er sprach.
A m a n d a fühlt's; die Augen gehn ihr über,
Ihr ist's, als sähe sie dem Halbverschwundnen nach.

30.

Mir, fuhr er fort, mir reichen sie die Hände
Vom Ufer jenseits schon — Mein Lauf ist bald zu Ende;
Der eurige beginnet kaum, und viel,

Viel Trübsal noch, auch viel der besten Freuden,
(Oft sind's nur Stärkungen auf neue größre
　　　　　Leiden)
Erwarten euch, indefs ihr unvermerkt dem Ziel
Euch nähert. Beides geht vorüber,
Und wird zum Traum, und nichts begleitet uns
　　　　　hinüber;

31.

　　Nichts als der gute Schatz, den ihr in euer
　　　　　Herz
Gesammelt, Wahrheit, Lieb' und innerlicher
　　　　　Frieden,
Und die Erinnerung, dafs weder Lust noch
　　　　　Schmerz
Euch je vom treuen Hang an eure Pflicht
　　　　　geschieden.
So sprach er vieles noch; und da sie endlich
　　　　　sich
Zur Ruh begaben, drückt' er, wie sie dünkte,
Sie wärmer an sein Herz, und eine Thräne
　　　　　blinkte
In seinem Aug', indem er schnell von ihnen
　　　　　wich.

32.

In eben dieser Nacht, von dunkeln Vorge-
fühlen
Der Zukunft aufgeschreckt, erhob **Titania**
Die Augen himmelwärts — und alle Rosen
fielen
Von ihren Wangen ab, indem sie stand, und sah
Und las. Sie rief den lieblichen Gespielen,
Mit ihr zu sehen, was in diesem Nu geschah,
Und wie zu unglückschwangern Zügen
Amandens Sterne schon sich an einander
fügen.

33.

Und, dicht in Schatten eingeschleiert, fliegt
Sie schnell dem Lager zu, wo zwischen Man-
delbäumen
(Der Knabe neben ihr) die Königstochter liegt,
Aus ihrem Schlaf von ahnungsvollen Träumen
Oft aufgestört. **Titania** berührt
Die Brust der Schläferin (damit die Unruh
schweige
Die in ihr klopft) mit ihrem Rosenzweige,
Und raubt den Knaben weg, der nichts davon
verspürt.

34.

Sie kommt zurück mit ihrem schönen Raube,
Und spricht zu ihren Grazien: Ihr seht
Das grausame Gestirn, das ob Amanden
  steht!
Eilt, rettet dieses Kind in meine schönste
  Laube,
Und pfleget sein, als wär's mein eigner Sohn.
Drauf zog sie aus dem Kranz um ihre Stirne
Drey Rosenknospen aus, gab jeder holden
  Dirne
Ein Knöspchen hin, und sprach: Hinweg, es
  dämmert schon!

35.

Thut wie ich euch gesagt, und alle Tag' und
  Stunden
Schaut eure Rosen an; und wenn ihr alle
  drey
Zu Lilien werden seht, so merket dran,
  ich sey
Mit Oberon versöhnt und wieder neu ver-
  bunden.
Dann eilet mit Amandens Sohn herbey,

Denn mit der meinen ist auch i h r e Noth verschwunden.
Die Nymfen neigten sich, und flohn
In einem Wölkchen schnell hinweg mit Hüons Sohn.

36.

Kaum war der Morgen aufgegangen,
So sucht mit bebendem unruhigem Verlangen
Amanda ihren Freund, der seine Lagerstatt,
Fern von Alfons und ihr, in einem Felsen hat.
So hastig eilt sie fort, daſs sie (was nie geschehen
Seitdem sie Mutter war) vor lauter Eil' vergiſst,
Nach ihrem Sohn, der noch ihr Schlafgeselle ist,
Und ruhig (glaubt sie) schläft, vorher sich umzusehen.

37.

Sie findet ihren Mann, im Garten irrend, auf,
Und beide nehmen auf der Stelle,
Was sie besorgen sich verbergend, nach der Zelle

Des alten Vaters ihren Lauf.
Wie klopft ihr Herz, indem sie seinem Lager
Sich langsam nahn! Er liegt, die Hände auf
    sein Herz
Gefaltet, athemlos, sein Antlitz bleich und
    hager,
Doch edel jeder Zug, und rein, und ohne
    Schmerz.

38.

Er schlummert nur, spricht Rezia, und
    legt
Die Hand, so leicht dafs sie ihn kaum berühret,
Auf seine Hand — und, da sie kalt sie spüret
Und keine Ader mehr sich regt,
Sinkt sie in stiller Wehmuth auf den blassen
Erstarrten Leichnam hin; ein Strom von Thrä-
    nen bricht
Aus ihrem Aug' und badet sein Gesicht:
O Vater, ruft sie aus, so hast du uns verlassen!

39.

Sie rafft sich auf, und sinkt an Hüons Brust,
Und beide werfen nun sich bey der kalten Hülle

Der reinsten Seele hin, in ehrfurchtsvoller
Stille,
Und sättigen die schmerzlich süfse Lust
Zu weinen, — drücken oft, um endlich weg-
zugehen,
Auf seine Hand der Liebe letzten Zoll,
Und bleiben immer, nie gefühlter Regung
voll,
Bey dem geliebten Bild, als wie bezaubert,
stehen.

40.

Es war als sähen sie auf seinem Angesicht
Die Dämmerung von einem neuen Leben,
Und wie von reinem Himmelslicht
Den Widerschein um seine Stirne weben,
Der schon zum geist'gen Leib den Erdenstoff
verfeint,
Und um den stillen Mund, der eben
Vom letzten Segen noch sich sanft zu schliefsen
scheint,
Ein unvergängliches kaum sichtbar's Lächeln
schweben.

41.

Ist dir's nicht auch (ruft Hüon, wie entzückt,
Amanden zu, indem er aufwärts blickt)
Als fall' aus jener Welt ein Strahl in deine Seele?
So fühlt' ich nie der menschlichen Natur
Erhabenheit! noch nie diefs Erdenleben nur
Als einen Weg durch eine dunkle Höhle
Ins Reich des Lichts! nie eine solche Stärke
In meiner Brust zu jedem guten Werke!

42.

Zu jedem Opfer, jedem Streit
Nie diese Kraft, nie diese Munterkeit
Durch alle Prüfungen mich männlich durchzukämpfen!
Lafs seyn, Geliebte, dafs der Trübsal viel
Noch auf uns harrt — sie nähert uns dem Ziel!
Nichts soll uns muthlos sehn, nichts diesen Glauben dämpfen!
So spricht er, sich mit ihr von diesem heiligen Ort
Entfernend — und ihn nimmt das Schicksal gleich beym Wort.

43.

Denn, wie sie Hand in Hand nun wieder
Hervor gehn aus der Zell', und ihre Augen-
lieder
Erheben — Gott! was für ein Anblick stellt
Sich ihren Augen dar! In welche fremde Welt
Sind sie versetzt! Verschwunden, ganz ver-
schwunden
Ist ihr Elysium, der Hain, die Blumenflur.
Versteinert stehn sie da. Ist's möglich? Keine
Spur,
Sogar die Stätte wird nicht mehr davon
gefunden.

44.

Sie stehn an eines Abgrunds Rand,
Umringt, wohin sie schaudernd sehen,
Von überhangenden gebrochnen Felsenhöhen;
Kein Gräschen mehr, wo einst ihr Garten stand!
Vernichtet sind die lieblichen Gebüsche,
Der dunkle Nachtigallenwald
Zerstört! Nichts übrig, als ein gräfsliches
Gemische
Von schroffen Klippen, schwarz, und öd' und
ungestalt!

45.

Zu welchen neuen Jammerscenen
Bereitet sie diefs grause Schauspiel vor?
Ach, rufen sie, und heben, schwer von Thränen,
Den kummervollen Blick zum heil'gen Greis
    empor:
„Ihm wurde diefs Gebirg in Frühlingsschmuck
    gekleidet,
Diefs Eden Ihm gepflanzt; um Seinetwillen nur
Genossen wir's; und Schicksal und Natur
Verfolgen uns aufs neu', so bald er von uns
    scheidet!"

46.

Ich bin gefafst, ruft Rezia, und schlingt
Ein Ach zurück das ihrer Brust entsteiget.
Unglückliche! der Tag, der all diefs Unglück
    bringt,
Hat dir noch nicht das schrecklichste gezeiget!
Sie eilt dem Knaben zu, den sie vor kur-
    zem, süfs
Noch schlummernd, (wie sie glaubt) verliefs;
Er ist ihr letzter Trost; des Schicksals härtsten
    Schlägen
Geht sie getrost, mit ihm auf ihrem Arm, ent-
    gegen.

47.

Sie fliegt dem Lager zu, wo er
An ihrer Seite lag, und, wie vom Blitz
       getroffen,
Schwankt sie zurück — der Knab' ist weg,
       das Lager leer.
„Hat er sich aufgerafft? Fand er die Thüre
       offen
Und suchte sie? O Gott! wenn er verunglückt
       wär'?
Entsetzlich! — Doch vielleicht hat um die
       Hütte her,
(So denkt sie zwischen Angst und Hoffen)
Vielleicht im Garten nur der Kleine sich ver-
       loffen?"

48.

Im Garten? ach! der ist nun felsiger Ruin!
Sie stürzt hinaus, und ruft mit bebenden
       Lippen
Den Knaben laut beym Nahmen, suchet ihn
Ringsum, mit Todesangst, in Höhlen und in
       Klippen.
Der Vater, den ihr Schrey'n herbey gerufen,
       spricht

Umsonst den Trost ihr zu, woran's ihm selbst
gebricht:
„Er werde sich gewifs in diesen Felsgewinden
Gesund und frisch auf einmahl wieder finden."

49.

Zwey Stunden schon war alle ihre Müh
Vergeblich. Ach! umsonst, laut rufend, irren
sie
Tief im Gebirg umher, besteigen alle Spitzen,
Durchkriechen alle Felsenritzen,
Und lassen sich, um wenigstens sein Grab
Zu finden, kummervoll in jede Kluft hinab:
Ach! keine Spur von ihm entdeckt sich ihrem
Blicke,
Und von den Felsen hallt ihr eigner Ton
zurücke.

50.

Das Unbegreifliche des Zufalls, dafs ein
Kind
Von seinem Alter sich verliere,
An einem Ort, wo weder wilde Thiere
Noch Menschen (wilder oft als jene) furcht-
bar sind,

Mehrt ihre Angst; doch nährt es auch ihr
 Hoffen:
„Es kann nicht anders seyn, er hat sich nur
 verloffen,
Und schlief vielleicht auf irgend einem Stein,
Vom Wandern müd, in seiner Unschuld
 ein."

51.

Aufs neue wird der ganze Felsenrücken,
Wird jeder Winkel, jeder Strauch
Der ihn vielleicht versteckt, durchsucht mit
 Falkenblicken.
Die Unruh treibt sogar, wie unwahrscheinlich
 auch
Die Hoffnung ist ihn dort lebendig aufzu-
 spüren,
Sie bis zum Strand herab, wo, unter dem
 Gemisch
Von aufgethürmtem Sand und sumpfigem
 Gebüsch,
Sie endlich unvermerkt einander selbst ver-
 lieren.

52.

Auf einmahl schreckt Amandens Ohr
Ein ungewohnter Ton. Ihr däucht, es glich
 dem Schalle
Von Stimmen. Doch, weil's wieder sich
 verlor,
Und sie bey einem Wasserfalle,
Der mit betäubendem Getöse übern Rand
Von einem hohen Felsenbogen
Herunter stürzt, sich ziemlich nah befand,
Glaubt sie, sie habe sich betrogen.

53.

Ihr schwanet nichts von gröfserer Gefahr,
Ihr einziger Gedank' ist ihres Sohnes Leben:
Und plötzlich, da sie kaum um einen Hügel,
 neben
Dem Wasserfall, herum gekommen war,
Sieht sie, bestürzt von einer rohen Schaar
Schwarzgelber Männer sich umgeben,
Und hinter einem hohen Riff
Erblickt sie in der Bucht ein ankernd Ruder-
 schiff.

54.

Sie hatten kurz zuvor, um Wasser einzu-
nehmen,
Vor Anker hier gelegt, und waren noch
damit
Beschäftigt: als, mit schnell gehemmtem
Schritt,
Auf einmahl eine Frau vor ihre Augen tritt,
Gemacht beym ersten Blick die schönsten zu
beschämen.
Erstaunen schien sie alle schier zu lähmen,
An diesem öden Ort, den sonst der Schiffer
fleucht,
Ein junges Weib zu sehn, die einer Göttin
gleicht.

55.

Der Schönheit Anblick macht sonst rohe
Seelen milder,
Und Tieger schmiegen sich zu ihren Füfsen
hin:
Doch diese fühlen nichts. Ihr stumpfer
Räubersinn

Berechnet sich den Werth der schönsten
　　　　Frauenbilder
(Von Marmor oder Fleisch, gleich viel!) mit
　　　　kaltem Blut
Blofs nach dem Marktpreis, just wie andres
　　　　Kaufmannsgut.
Hier, ruft der Hauptmann, sind zehn tausend
　　　　Sultaninen
Mit Einem Griff, so gut wie hundert, zu ver-
　　　　dienen.

56.

Auf, Kinder, greifet zu! So ein Gesicht
　　　　wie diefs
Gilt uns zu Tunis mehr als zwanzig reiche
　　　　Ballen:
Der König, wie ihr wifst, liebt solche Nach-
　　　　tigallen;
Und dieser wilden hier gleicht von den Schö-
　　　　nen allen
In seinem Harem nichts. Ihr reicht Alman-
　　　　saris,
Die Königin, so schön sie ist, gewifs

Das Wasser kaum. Wie wird der Sultan
    brennen!
Der Zufall hätt' uns traun! nicht besser füh-
    ren können.

57.

Indeſs der Hauptmann dieſs zu seinem Volke
    sprach,
Steht Rezia, und denkt zwey Augenblicke
    nach
Was hier zu wählen ist. „Sind diese Leute
    Feinde,
So hilft die Flucht mir nichts, da sie so nahe
    sind:
Vielleicht daſs Edelmuth und Bitten sie
    gewinnt.
Ich geh' und rede sie als Freunde,
Als Retter an, die uns der Himmel zuge-
    sendet.
Vielleicht ist's unser Glück, daſs sie hier ange-
    ländet."

58.

Dieſs denkend, geht, mit unschuldsvoller
    Ruh
Im offnen Blick, und mit getrosten Schritten,

Das edle schöne Weib auf die Korsaren zu:
Allein sie bleiben taub bey ihren sanften
 Bitten.
Die Sprache, die zu allen Herzen spricht,
Rührt ihre eisernen entmenschten Seelen
 nicht.
Der Hauptmann winkt; sie wird umringt,
 ergriffen,
Und alles, läuft und rennt, die Beute einzu-
 schiffen.

59.

Auf ihr erbärmliches Geschrey,
Das durch die Felsen hallt, fliegt Hüon vol-
 ler Schrecken
Den Wald herab, zu ihrer Hülf' herbey.
Ganz aufser sich, so bald ihm was es sey
Die Bäume länger nicht verstecken,
Ergreift er in der Noth den ersten knot'gen
 Stecken
Der vor ihm liegt, und stürzt, wie aus der
 Wolken Schoofs
Ein Donnerkeil, auf die Barbaren los.

60.

Sein holdes Weib zu sehn, die mit blut-
rünst'gen Armen
Sich zwischen Räubertatzen sträubt,
Der Anblick, der zu Tiegerwuth ihn treibt,
Macht bald den Eichenstock in seiner Faust
erwarmen.
Die Streiche fallen hageldicht
Auf Köpf' und Schultern ein mit stürzendem
Gewicht.
Er scheint kein Sterblicher; sein Auge spritzet
Funken,
Und sieben Mohren sind schon vor ihm hin-
gesunken.

61.

Bestürzung, Scham und Grimm, von einem
einz'gen Mann
Den schönen Raub entrissen sich zu sehen,
Spornt alle andern an, auf Hüon los zu gehen,
Der sich, so lang' er noch die Arme regen
kann,
Unbändig wehrt; bis, da ihm im Gedränge
Sein Stock entfällt, die überlegne Menge

(Wiewohl er rasend schlägt und stöſst und um
   sich beiſst)
Ihn endlich übermannt und ganz zu Boden
   reiſst.

62.

Mit einem Schrey gen Himmel sinkt
   Amande
In Ohnmacht, da sie ihn erwürgt zu sehen
   glaubt.
Man schleppt sie nach dem Schiff, indeſs das
   Volk am Strande
Auf den Gefallnen stürmt, und tobt und Rache
   schnaubt.
Ihm einen schnellen Tod zu geben,
Wär's auch der blutigste, däucht sie Gelin-
   digkeit:
Nein, ruft der Hauptmann aus, um desto
   längre Zeit
Der Tode grausamsten zu sterben, soll er
   leben!

63.

Sie schleppen ihn tief in den Wald hinein,
So weit vom Strand, dafs auch sein lautstes
Schreyn
Kein Ohr erreichen kann, und binden ihn
mit Stricken
Um Arm und Bein, um Hals und Rücken,
An einen Baum. Der Unglücksel'ge blickt
Zum Himmel auf, verstummend und erdrückt
Von seines Elends Last; und laut frohlockend
fahren
Mit ihrem schönen Raub nach T u n i s die
Barbaren.

Neunter Gesang.

Varianten.

In der ersten Ausgabe fängt hier der eilfte Gesang an.

Stanze 5. Vers 2.

Wie alles das um vierzig Sultaninen

V. 3.

(*a*) — — Es schien Betrachtung zu verdienen;

V. 4.

Er trat hinzu, besah u. s. w.

St. 6. V. 6.

Er hatte schon die nächste Höh' erstiegen

St. 12. V. 2, 3.

— — — nach langem Überlegen
Der Sache, klügers nichts entgegen

St. 14. V. 6.

(*a*) Ein grofses *Ventregris*, nach Basken Art, zu fluchen,

St. 15. V. 4.

— — — weil ihm's der Zwerg verehrt)

St. 17. V. 1.

Er setzt sich vor die Thür auf eine Bank von Stein,

V. 2.

(*a. b*) Um, müde wie er ist und schwach
u. s. w.

Neunter Gesang.

St. 31. V. 3, 4.

— — — dafs weder Lust noch Schmerz
Euch nie u. s. w.

St. 48. V. 2.

(c) — — — und ruft mit schweren
Lippen

St. 49. V. 2.

(c) Umsonst. Laut rufend, irren sie

V. 4.

Durchkriechen jeden Busch und alle Felsenritzen,

V. 8.

(c) — — — ihr eigner Ruf zurücke.

St. 52. V. 1.

Auf einmahl schreckt Amandens stilles Ohr

St. 52. V. 2.

(*c*) Ein ungewohnter Laut. — —

St. 57. V. 6.

(*a*) Ich rede sie, mit Zuversicht, als Freunde,

OBERON

ZEHNTER GESANG.

ZEHNTER GESANG.

1.

Schon sinkt der Tag, und trauernd wirft die Nacht
(Ach! nicht vertraulich mehr in süfser Herzensfülle
Von Liebenden und Freunden zugebracht)
Mitleidig ihre trübste Hülle
Ums öde Eiland her, wo aus der tiefen Stille
Nun keinen Morgen mehr der Freude Lied erwacht;
Nur ein Verlassener von allem was er liebet
Der Pflichten schrecklichste durch stilles Dulden übet.

2.

Ihn hört Titania, in ein Gewölk verhüllt,
Tief aus dem Wald herauf in langen Pausen ächzen,
Sieht den Unglücklichen in stummer Angst verlechzen,
Und wendet sich von ihm. Denn, ach! vergebens schwillt
Ihr zartes Herz von innigem Erbarmen.
Ein stärk'rer Zauber stöfst mit unaufhaltbarn Armen
Sie weg von ihm; und wie sie überm Strand
Dahin schwebt, blinkt vor ihr ein Goldreif aus dem Sand.

3.

Amanda hatte ihn, im Ringen mit den Söhnen
Des Raubes, unvermerkt vom Finger abgestreift.
Die Elfenkönigin, indem sie ihn ergreift,
Erkennt den Talisman, dem alle Geister fröhnen.

Bald, ruft sie freudig, ist das Maſs des Schicksals voll!
Bald werden wieder dich die Sterne mir versöhnen,
Geliebter! Dieser Ring verband uns einst; er soll
Zum zweyten Mahl zu meinem Herrn dich krönen!

4.

Inzwischen hatte man im Schiff, mit groſser Müh,
Amanden, die in Ohnmacht lag, ins Leben
Zurück gerufen. Kaum begonnte sie
Die schweren Augen trostlos zu erheben;
So fiel vor ihr der Hauptmann auf die Knie,
Und bat sie, sich dem Gram nicht länger zu ergeben:
Dein Glück ist's, sprach er, bloſs, wovon ich Werkzeug bin;
In wenig Tagen bist du unsre Königin.

5.

Besorge nichts von uns, wir sind nur dich
　　　zu schützen
Und dir zu dienen da: dich, Schönste, zu
　　　besitzen
Ist nur Almansor werth, der dir an Reit-
　　　zen gleicht.
Er wird beym ersten Blick in deinen Fesseln
　　　liegen;
Und, glaube meinem Wort, du wirst ihn mit
　　　Vergnügen
Zu deinen Füfsen sehn.   Der Hauptmann
　　　spricht's, und reicht
(Um allen Argwohn, den sie hegen mag, zu
　　　stillen)
Ein reiches Tuch ihr dar, sich ganz darein
　　　zu hüllen.

6.

Der ist des Todes, (fährt er fort,
Mit einem Blick und Ton, der alles Volk am
　　　Bord
Erzittern macht) der je des Frevels sich ver-
　　　wäget

Und seine Hand an diesen Schleier leget!
Betrachtet sie von diesem Augenblick
Als ein Juwel, das schon Almansorn ange-
  höret.
Er sagt's, und zieht, damit sie ungestöret
Der Ruhe pflegen kann, kniebeugend sich
  zurück.

7.

Amanda, ohne auf des Räubers Wort zu
  hören,
Bewegungslos, betäubt von ihrem Unglück,
  sitzt,
Die Hände vor der Stirn, die Arme aufge-
  stützt
Auf ihre Knie, mit starren, thränenleeren,
Erloschnen Augen da. Ihr Jammer ist zu
  grofs
Ihn auszusprechen, ihn zu tragen
Ihr starkes Herz zu zart. Ach! diesen letz-
  ten Stofs
Erträgt sie nicht! Sie sinkt, doch sinkt sie
  ohne Klagen.

8.

Sie schaut nach Trost sich um, und findet
keinen; leer
Und hoffnungslos, und Nacht, wie ihre Seele,
Ist alles, alles um sie her;
Die ganze Welt verkehrt in eine Mörder-
höhle!
Sie starrt zum Himmel auf — auch Der
Hat keinen Trost, hat keinen Engel mehr!
Am Abgrund der Verzweiflung, wo sie
schwebet,
Steht noch der Tod allein, der sie im Sinken
hebet.

9.

Mitleidig reicht er ihr die abgezehrte Hand,
Der letzte, treuste Freund der Leidenden!
Sie steiget
Hinab mit ihm ins stille Schattenland,
Wo aller Schmerz, wo aller Jammer
schweiget;
Wo keine Kette mehr die freye Seele reibt,
Die Scenen dieser Welt wie Kinderträume
schwinden.

Und nichts aus ihr als unser Herz uns
  bleibt:
Da wird sie alles, was sie liebte, wieder-
  finden!

10.

Wie ein verblutend Lamm, still duldend,
  liegt sie da,
Und seufzt dem letzten Augenblick entgegen:
Als, in der stillen Nacht, sich ihr Titania
Trost bringend naht. Ein unsichtbarer Regen
Von Schlummerdüften stärkt der schönen Dul-
  derin
Matt schlagend Herz, und schläft den äufsern
  Sinn
Unmerklich ein. Da zeigt sich ihr im Traum-
  gesichte
Die Elfenkönigin in ihrem Rosenlichte.

11.

Auf! spricht sie, fasse Muth! Dein Sohn
  und dein Gemahl
Sie athmen noch, sind nicht für dich verloren.

Erkenne mich! Wenn du zum dritten Mahl
Mich wieder siehst, dann ist, was Oberon
geschworen,
Erfüllt durch eure Treu'. Ihr endet unsre Pein,
Und wie Wir glücklich sind, so werdet Ihr
es seyn.
Mit diesem Wort zerfliefst die Göttin in die
Lüfte,
Doch wehen, wo sie stand, noch ihre Rosen-
düfte.

12.

Amand' erwacht, erkennt an ihrem Duft
Und Rosenglanz, die nur allmählich schwanden,
Die göttergleiche Frau, die in der Felsengruft,
Gleich unverhofft, ihr ehmahls beygestanden.
Gerührt, beschämt von diesem neuen Schutz,
Ergreift ihr Herz mit dankbarlichem Beben
Diefs Pfand von ihres Sohns und ihres Hüons
Leben,
Und beut mit ihm nun jedem Schicksal Trutz.

13.

Ach! wüfste sie, was ihr (zu ihrem Glücke)
Verborgen bleibt, wie trostlos diese Nacht

Ihr unglücksel'ger Freund, mit siebenfachem
    Stricke
An einen Eichenstamm gebunden, zugebracht,
Wie bräch' ihr Herz! — Und Er, vor dessen
    Augenblitze
Nichts dunkel ist, der gute Schutzgeist, weilt?
Er steht, am Quell des Nils, auf einer Fel-
    senspitze,
Die, ewig unbewölkt, die reinsten Lüfte theilt.

14.

Den ernsten Blick dem Eiland zugekehrt,
Wo Hüon schmachtet, steht der Geister-
    fürst, und hört
Sein Ächzen, das aus tiefer Ferne
Zu ihm herüber bebt, — schaut nach dem Mor-
    gensterne,
Und hüllt sich seufzend ein. Da nähert, aus
    der Schaar
Der Geister, die theils einzeln, theils in
    Ringen,
Ihn überall begleiten und umschwingen,
Sich einer ihm, der sein Vertrauter war.

15.

Erblassend, ohne Glanz, naht sich der Sylfe, blickt
Ihn schweigend an, und seine Augen fragen
Dem Kummer nach, der seinen König drückt;
Denn Ehrfurcht hält ihn ab die Frage laut
zu wagen.
Schau auf, spricht Oberon. Und mit dem
Worte weist
In einer Wolke, die mit ausgespanntem Flügel
Vorüber fährt, sich dem bestürzten Geist
Des armen Hüons Bild als wie in einem
Spiegel.

16.

Versunken in der tiefsten Noth,
An seines Herzens offnen Wunden
Verblutend, steht er da, verlassen und gebunden
Im öden Wald, und stirbt den langen Mar-
tertod.
In diesem hoffnungslosen Stande
Schwellt seine Seele noch das zürnende Gefühl:
„Verdient' ich das? verdiente das Amande?
Ist unser Elend nur den höhern Wesen Spiel?

17.

„Wie untheilnehmend bleibt bey meinem
furchtbarn Leiden,
Wie ruhig alles um mich her!
Kein Wesen fühlt mit mir; kein Sandkorn
rückt am Meer
Aus seinem Platz, kein Blatt in diesen Laub-
gebäuden
Fällt meinetwegen ab. Ein scharfer Kiesel wär'
Um meine Bande durchzuschneiden
Genugsam — ach! im ganzen Raum der Zeit
Ist keine Hand, die ihm dazu Bewegung leiht!

18.

„Und doch, wenn meine Noth zu wenden
Dein Wille wär', o Du, der mich dem Tod
so oft
Entrissen, wenn ich es am wenigsten gehofft,
Es würden alle Zweig' in diesem Wald zu
Händen
Auf deinen Wink!" — Ein heil'ger Schauder
blitzt
Durch sein Gebein mit diesem Himmelsfunken;

Die Stricke fallen ab; er schwankt, wie nebel-
trunken,
In einen Arm, der ihn unsichtbar unterstützt.

19.

Es war der Geist, dem Oberon die
Geschichte
Des treuen Paars im Bilde sehen liefs,
Der diesen Dienst ihm ungesehn erwies.
Der Sohn des Lichts erlag dem kläglichen
Gesichte.
Ach! rief er, inniglich betrübt,
Und sank zu seines Meisters Füfsen,
So strafbar als er sey, kannst du, der ihn
geliebt,
Vor seiner Noth dein grofses Herz ver-
schliefsen?

20.

Der Erdensohn ist für die Zukunft blind,
Erwiedert Oberon: wir selbst, du weifst es,
sind
Des Schicksals Diener nur. In heil'gen Fin-
sternissen,
Hoch über uns, geht sein verborgner Gang;

Und, willig oder nicht, zieht ein geheimer
            Zwang
Uns alle, dafs wir ihm im Dunkeln folgen
            müssen.
In dieser Kluft, die mich von Hüon trennt,
Ist mir ein einzigs noch für ihn zu thun ver-
            gönnt.

21.

Fleuch hin, und mach' ihn los, und trag' ihn
            auf der Stelle,
So wie er ist, nach Tunis, vor die Schwelle
Des alten Ibrahim, der, nahe bey der Stadt,
Die Gärten des Serai's in seiner Aufsicht hat.
Dort leg' ihn auf die Bank von Steinen,
Hart an die Hüttenthür, und eile wieder fort:
Doch hüte dich ihm sichtbar zu erscheinen,
Und mach' es schnell, und sprich mit ihm kein
            Wort.

22.

Der Sylfe kommt, so rasch ein Pfeil vom
            Bogen
Das Ziel erreicht, bey Hüon angeflogen,
Löst seine Bande auf, beladet sich mit ihm,

Und trägt ihn, über Meer und Länder, durch
die Lüfte
Bis vor die Thür des alten Ibrahim;
Da schüttelt er von seiner starken Hüfte
Ihn auf die Bank, so sanft als wie auf Pflaum.
Dem guten Ritter däucht was ihm geschieht
ein Traum.

23.

Er schaut erstaunt umher, und sucht sich's
wahr zu machen:
Doch alles was er sieht bestätigt seinen Wahn.
Wo bin ich? fragt er sich, und fürchtet zu
erwachen.
Indem beginnt, nicht fern von ihm, ein Hahn
Zu krähn, und bald der zweyte und der dritte;
Die Stille flieht, des Himmels goldnes Thor
Eröffnet sich, der Gott des Tages geht hervor,
Und alles lebt und regt sich um die Hütte.

24.

Auf einmahl knarrt die Thür, und kommt
ein langer Mann
Mit grauem Bart, doch frisch und roth von
Wangen,

Ein Grabscheit in der Hand, zum Haus heraus
gegangen;
Und beide sehn zugleich, was keiner glauben
kann,
Herr Hüon seinen treuen Alten
In einem Sklavenwamms — der gute Sche-
rasmin
Den werthen Herrn, den er für todt gehalten,
In einem Aufzug, der nicht glückweissagend
schien.

25.

Ist's möglich? rufen alle beide
Zu gleicher Zeit — „Mein bester Herr!" —
„Mein Freund!"
„Wie finden wir uns hier?" — Und, aufser
sich vor Freude,
Umfafst der alte Mann des Prinzen Knie und
weint
Auf seine Hand. Ihn herzlich zu umfangen
Bückt Hüon sich zu ihm herunter, hebt
Ihn zu sich auf, und küfst ihn auf die
Wangen.
Gott Lob, ruft Scherasmin, nun weifs ich
dafs ihr lebt!

26.

Was für ein guter Wind trug euch vor diese
Schwelle?
Doch zum Erzählen ist der Ort hier nicht
geschickt;
Kommt, lieber Herr, mit mir in meine Zelle,
Eh' jemand hier beysammen uns erblickt.
Auf allen Fall seyd ihr mein Neffe Hassan,
(flüstert
Er ihm ins Ohr) ein junger Handelsmann
Von Halep, der die Welt zu sehn gelüstert,
Und Schiffbruch litt, und mit dem Leben nur
entrann.

27.

Ja, leider! blieb mir nichts, seufzt Hüon,
als ein Leben
Das keine Wohlthat ist! — Das wird sich alles
geben,
Erwiedert Scherasmin, und schiebt sein
Kämmerlein
Ihm hurtig auf, und schliefst sich mit ihm ein.
Da, spricht er, nehmet Platz; bringt dann auf
einem Teller
Das beste, was sein kleiner Vorrathskeller

Vermag, herbey, Oliven, Brot und Wein,
Und setzt sich neben ihn, und heifst ihn fröh-
    lich seyn.

28.

Mein bester Herr, dafs wir, nach allen
    Streichen
Die uns das Glück gespielt, so unvermuthet
    hier
Zu Tunis, vor der Hüttenthür
Des Gärtners Ibrahim uns finden, ist ein
    Zeichen,
Dafs Oberon ganz unvermerkt und still
Uns alle wiederum zusammen bringen will.
Noch fehlt das Beste; doch, zum Pfande für
    Amanden,
Ist wenigstens die Amme schon vorhanden.

29.

Was sagst du? ruft Herr Hüon voller
    Freuden.
Demselben Ibrahim, dem ich bedienstet bin,
Dient sie als Sklavin hier, erwiedert Sche-
    rasmin.

Wie wird das gute Weib die Augen an euch
weiden!
Drauf fängt er ihm Bericht zu geben an,
Was er in all' der Zeit gelitten und gethan,
Und was ihn, unverrichter Sachen,
Bewogen, von Paris sich wieder wegzumachen;

30.

Und wie er ihn zu Rom im Lateran gesucht,
Und, seiner dort viel Wochen ohne Frucht
Erwartend, unvermerkt sein Bifschen Geld ver-
zettelt,
Darauf, mit Muscheln ausstaffiert,
Sich durch die halbe Welt als Pilger durch-
gebettelt,
Bis ihn sein guter Geist zuletzt hierher geführt,
Wo Fatme, die er unverhofft gefunden,
Auf befsre Zeit mit ihm zu harren sich ver-
bunden.

31.

Zum Glück ist immer unversehrt
(Setzt er hinzu) das Kätschen mitgezogen,

Das euch der schöne Zwerg zu Askalon
            verehrt;
Denn, wie ich sehe, Horn und Becher sind
            entflogen.
Verzeiht mir, lieber Herr! ich traf den wun-
            den Ort;
Es war nicht hübsch an mir so frey heraus
            zu platzen:
Die Freude, daſs ich euch gefunden, macht
            mich schwatzen;
Allein, ihr kennt mein Herz, und weiter nun
            kein Wort!

32.

Der edle Fürstensohn drückt seinem guten
            Alten
Die Hand, und spricht: Ich kenne deine Treu',
Sollst alles wissen, Freund! ich will dir nichts
            verhalten;
Allein, vor allem, steh in Einem Ding mir bey.
Das Kästchen, das du mir erhalten,
Ist an Juwelen reich. Denkst du nicht auch,
            es sey

Am besten angewandt, mir eilends Pferd und
  Waffen
Und ritterlichen Schmuck in Tunis anzu-
  schaffen?

33.

Es sind zwölf Stunden kaum, seit eine Räu-
  berschaar
Amanden mir entriſs, mir, der am ödsten
  Strande
Allein mit ihr und unbewaffnet war.
Sie führen sie vielleicht in diese Mohrenlande,
Nach Marok oder Fez, gewiſs nach einem
  Platz,
Wo Hoffnung ist, sie theuer zu verkaufen:
Allein kein Harem soll mir meinen höchsten
  Schatz
Entziehen, sollt' ich auch die ganze Welt durch-
  laufen.

34.

Der Alte sinnt der Sache schweigend nach.
„Die Gegend, wo ihr euch mit Rezia
  befunden,
Ist also wohl nur wenig Stunden

Von hier entfernt?" — Nicht dafs ich wüfste,
        sprach
Der junge Fürst; vielleicht sind's tausend
        Stunden:
Mich trug, unendlich schnell, ich weifs nicht
        wer,
(Doch wohl ein Geist) aus einem Wald
        hierher,
Wo mich das Räubervolk an einen Baum
        gebunden.

35.

Das hat, ruft jener aus, kein andrer Arm
        gethan
Als Oberons. Ich selber, spricht der Ritter,
Ich trau' ihm's zu, und nehm's als ein Ver-
        sprechen an,
Er werde mehr noch thun. So bitter
Die Trennung ist, so schreckenvoll das Bild
Des holden Weibs in wilden Räuberklauen;
Diefs neue Wunder, Freund, erfüllt
Mein neu belebtes Herz mit Hoffnung und Ver-
        trauen.

36.

Der müfste ja ganz herzlos, ganz von Stein,
Und ohne Sinn, und gänzlich unwerth seyn
Dafs sich der Himmel seinetwegen
Bemühe, (hätt' er auch von dem die Hälfte nur
Erfahren, was mir widerfuhr)
Wer Kleinmuth und Verdacht zu hegen
Noch fähig wär'. Es geh' durch Feuer oder
    Flut
Mein dunkler Weg, ich halte Treu' und Muth.

37.

Nur, lieber **Scherasmin**, wenn's möglich
    ist, noch heute
Verschaffe mir ein Schwert und einen Gaul.
Zu lang' entbehr' ich beides! — an der Seite
Der Liebe zwar — doch itzt, in dieser Weite
Von **Rezia**, däucht mir mein Herzblut stehe
    faul
Als wie ein Sumpf, bis ich die schöne Beute
Den Heiden abgejagt. Ihr Leben und mein
    Glück,
Bedenk' es, hängt vielleicht an einem Augen-
    blick.

38.

Der Alte schwört ihm zu, es soll' an ihm
nicht liegen
Des Prinzen Ungeduld noch heute zu ver-
gnügen.
Doch unverhofft hält seines Eifers Lauf
Am ersten Abend schon ein leidiger Zufall auf.
Denn Hüon fühlte von so viel Erschütte-
rungen,
Die Schlag auf Schlag gefolgt, auf einmahl
sich bezwungen,
Und brachte, matt und glühend, ohne Ruh,
Die ganze Nacht in Fieberträumen zu.

39.

Die Bilder, die ihm stets im Sinne lagen,
Beleben sich; er glaubt mit einem Schwarm
Von Feinden sich ergrimmt herum zu schlagen;
Dann sinkt er kraftlos hin, und drückt im
kalten Arm
Die Leiche seines Sohns; bald kämpft er mit
den Fluten,
Hält die versinkende Geliebte nur am Saum
Des Kleides noch; bald, selbst an einen Baum
Gebunden, sieht er sie in Räuberarmen bluten.

40.

Erschöpft von Grimm und Angst stürzt er
    aufs Lager hin
Mit starrem Blick. Dem treuen **Scherasmin**
Kommt seine Wissenschaft in dieser Noth zu
    Statten.
Denn dazumahl war's eines Knappen Amt
Die Heilkunst mit der Kunst der Ritterschaft
    zu gatten.
Ihm war sie schon vom Vater angestammt,
Und viel geheimes ward auf seinen langen
    Reisen
Ihm mitgetheilt von Rittern und von Weisen.

41.

Er eilt, so bald der schöne Morgenstern
Am Himmel bleicht, (indeſs bey dem gelieb-
    ten Herrn
Als Wärterin sich Fatme emsig zeigt)
Den Gärten zu, worin noch alles ruht und
    schweiget;
Sucht Kräuter auf, von deren Wunderkraft
Ein Eremit auf Horeb ihn belehret,

Und drückt sie aus, und mischet einen Saft,
Der binnen kurzer Frist dem stärksten Fieber
 wehret.

42.

Ein sanfter Schlaf beginnt schon in der
 zweyten Nacht
Auf Hüons Stirne sich zu senken.
Mit liebevoller Treu' gepfleget und bewacht,
Und reichlich angefrischt mit kühlenden
 Getränken,
Fühlt·er am vierten Tag so gut sich her-
 gestellt,
Um sich, so bald der Mond die laue Nacht
 erhellt,
In einem Gärtnerwamms, womit man ihn
 versehen,
Mit Scherasmin im Garten zu ergehen.

43.

Sie hatten in den Rosenbüschen,
Nah an der Hütte, noch nicht manchen Gang
 gethan,

So kommt die Amme (die, was neues aufzu-
 fischen,
Sich oft dem Harem naht) mit einer Zei-
 tung an,
Die kräft'ger ist als irgend ein Laudan
Des Kranken Blut und Nerven zu erfrischen:
Es sey, versichert sie, beynahe zweifelsfrey
Daſs Rezia nicht fern von ihnen sey.

44.

Wo ist sie? wo? ruft Hüon mit Ent-
 zücken
Und Ungeduld, auffahrend — Hurtig! sprich!
Wo sahst du sie? — Gesehn? erwiedert
 Fatme, ich?
Das sagt' ich nicht; allein, ich lasse mich
 zerstücken
Wenn's nicht Amanda ist, die diesen Abend
 hier
Gelandet. Höret nur, was die Minute mir
Die Jüdin Salome, die eben
Vom innern Harem kam, für ganz gewiſs
 gegeben.

45.

Kurz, sprach sie, vor der Abendzeit
Liefs auf dem hohen Meer sich eine Barke
sehen;
Sie flog daher mit Vogelsschnelligkeit,
Die Segel schien ein frischer Wind zu blähen.
Auf einmahl stürzt aus wolkenlosen Höhen
Zickzack ein feur'ger Strahl herab,
Und mit dem ersten Stofs, den ihm ein Sturm-
wind gab,
Sieht man das ganze Schiff in voller Flamme
stehen.

46.

An Löschen denkt kein Mensch in solcher
Noth.
Das Feuer tobt. Vom fürchterlichsten Tod
Umschlungen, springt aus seinem Flammen-
rachen
Wer springen kann, und wirft sich in den
Nachen.
Der Wind macht bald sie von dem Schiffe los,
Treibt sie dem Ufer zu; doch, eine Viertel-
stunde

Vom Strand, ergreift den Kahn ein neuer
Wirbelstofs,
Und stürzt ihn um, und alles geht zu Grunde.

47.

Die Leute schrey'n umsonst zu ihrem
Mahom auf,
Arbeiten, mit der angestrengten Stärke
Der Todesangst, umsonst sich aus der Flut
herauf:
Nur eine einz'ge Frau, die sich zum
Augenmerke
Der Himmel nahm, entrinnet der Gefahr,
Wird auf den Wellen, wie auf einem Wagen,
Ganz unversehrt, und unbenetzt sogar,
Dem nahen Ufer zugetragen.

48.

Von ungefähr stand mit Almansaris
Der Sultan just auf einer der Terrassen
Des Schlosses, die hinaus ins Meer sie sehen
liefs,
Erwartungsvoll den Ausgang abzupassen.
Ein sanfter Zefyr schien die Frau herbey
zu wehn.

Doch, um sich nicht zu viel auf Wunder zu
verlassen,
Winkt itzt Almansaris, und hundert Sklaven gehn
Bis an den Hals ins Meer, der Schönen beyzustehn.

49.

Man sagt, der Sultan selbst sey an den
Strand gekommen,
Und habe sie, von einem Idschoglan,
Der aus dem strudelnden Schaum bis zur Terrafs' hinan
Sie auf dem Rücken trug, selbst in Empfang
genommen.
Man konnte zwar nicht hören was er sprach,
Doch schien er ihr viel höfliches zu sagen,
Und, weil's an Zeit und Freyheit ihm gebrach,
Sein Herz ihr, wenigstens durch Blicke, anzutragen.

50.

Wie dem auch sey, diefs ist gewifs,
(Fährt Fatme fort) dafs sich Almansaris
Der schönen Schwimmerin gar freundlich und
gewogen

Bewiesen hat, und ihr viel schönes vorgelogen,
Wiewohl der Fremden seltner Reitz
Ihr gleich beym ersten Blick Almansors Herz
    entzogen;
Und daſs sie ein Gemach bereits
Im Sommerhaus der Königin bezogen.

51.

Angst, Freude, Lieb' und Schmerz, mahlt,
    während Fatme spricht,
Sich wechselsweis' in Hüons Angesicht.
Daſs es Amanda sey, scheint ihm, je mehr
    er denket,
Je minder zweifelhaft. Es zeigt sich son-
    nenklar,
Daſs Oberon, wiewohl noch unsichtbar,
Die Zügel seines Schicksals wieder lenket.
Wohlan denn, Freunde, rathet nun,
Was meinet ihr? was ist nunmehr zu thun?

52.

Dem Sultan mit Gewalt Amanden zu ent-
    reiſsen,
Das würde Roland selbst nicht wagen gut
    zu heiſsen,

Erwiedert Scherasmin; wiewohl es rath-
sam ist,
Uns ingeheim, auf alles was geschehen
Und nicht geschehen kann, mit Waffen zu ver-
sehen.
Doch vor der Hand versuchen wir's mit List!
Wie, wenn ihr, da ihr euch doch nicht des
Grabens schämet,
Bey **Ibrahim** als Gärtner Dienste nähmet?

53.

Gesetzt, er macht auch Anfangs Schwie-
rigkeit,
Er sieht euch schärfer an, und schüttelt
Sein weises Haupt; mir ist dafür nicht leid:
Ein schöner Diamant hat manches schon ver-
mittelt.
Laſst diese Sorge mir, Herr Ritter! Zwischen
heut
Und morgen sehn wir euch, trotz aller Schwie-
rigkeit,
Zu einem Gärtnerschurz beutelt;
Das weit're überlaſst dem Himmel und der
Zeit.

54.

Der Vorschlag däucht dem Ritter wohl ersonnen,
Und wird nun ungesäumt und klüglich ausgeführt.
Der alte Ibrahim ist bald so gut gewonnen,
Daſs er den Paladin zum Neffen adoptiert,
Zu seinem Schwestersohn, der von Damask gekommen,
Und in der Blumenzucht besonders viel gethan;
Kurz, Hüon wird zum Gärtner angenommen,
Und tritt sein neues Amt mit vielem Anstand an.

Zehnter Gesang.

Varianten.

In der ersten Ausgabe fängt hier der zwölfte Gesang an.

Stanze 1. V. 4.
Mitleidig wirft sie ihre trübste Hülle

St. 2. V. 4 — 8.
Und weint und flieht. Denn, ach! vergebens schwillt
Ihr Herz von Mitgefühl! Ein eisernes Geschicke
Stöfst sie, so bald sie sich ihm nähern will, zurücke,
Sie flieht, und wie sie nach dem einst geliebten Strand
Noch einmahl umschaut, blinkt ein Goldring aus dem Sand.

St. 5. V. 8.

(c) Zum zweyten Mahle dich zu meinem
Herren krönen.

St. 4. V. 4.

(c) Die schweren Augen zu erheben;

St. 7. V. 7.

(a. b) Ihr starkes Herz zu schwach. Nur
diesen letzten Stofs

St. 10. V. 3.

Als, in der Stille der Nacht, u. s. w.

St. 11. V. 7, 8.

Mit diesem Wort entschwebt die Göttin ihrem
Blicke,
Doch bleibt noch, wo sie stand, ihr Rosen-
duft zurücke.

St. 14. V. 3.

Sein leises Ächzen, u. s. w.

St. 15. V. 4.

(a) Denn Ehrfurcht hemmet ihn die Frage u. s. w.

St. 16. V. 6.

Hebt seine Seele noch u. s. w.

St. 19. V. 2.

Der beiden Liebenden im Bilde sehen liefs,

St. 26. V. 8.

(a) — — und mit dem Leben kaum entrann.

St. 30. V. 4.

Und wie er drauf, mit Muscheln ausstaffiert,

St. 33. V. 4.

(a) Sie führen sie vielleicht in diese Lande,

St. 45. V. 2.

Liefs auf der Höh' sich eine Barke sehen;

St. 49. V. 3, 4.

(c) Der aus der Brandung sie bis zur Terrafs
hinan
Auf seinem Rücken trug, u. s. w.

St. 50. V. 1.

(a) Wie dem auch seyn mag, diefs ist ganz
gewifs

St. 51. V. 7.

(a) Wohlan dann, Freunde, spricht er, rathet
nun,

St. 53. V. 7.

(a) Zum nettsten Gärtnerschurz betitelt;

OBERON

EILFTER GESANG.

EILFTER GESANG.

1.

Die Hoffnung, die ihr schimmerndes Gefieder
Um Hüon wieder schwingt, Sie, die er ein-
  zig liebt,
Bald wieder sein zu sehn, die goldne Hoff-
  nung giebt
Ihm bald den ganzen Glanz der schönsten
  Jugend wieder.
Schon der Gedanke blofs, dafs sie so nah
  ihm ist,
Dafs dieses Lüftchen, das ihn kühlet,
Vielleicht Amandens Wange kaum geküfst,
Vielleicht um ihre Lippen kaum gespielet;

2.

Daſs diese Blumen, die er bricht
Und mahlerisch in Kränz' und Sträuſse flicht,
Um in den Harem sie, wie üblich ist, zu
schicken,
Vielleicht Amandens Locken schmücken,
Ihr schönes Leben vielleicht an ihrer lieblichen
Brust
Verduften, — der Gedank' erfüllt ihn mit
Entzücken;
Das schöne Roth der Sehnsucht und der Lust
Färbt wieder seine Wang' und strahlt aus
seinen Blicken.

3.

Die heiſse Tageszeit vertritt das Amt der
Nacht
In diesem Land, und wird verschlummert und
verträumet.
Allein, so bald der Abendwind erwacht,
Fragt Hüon, den die Liebe munter macht,
Schon alle Schatten an, wo seine Holde
säumet?
Er weiſs, die Nacht wird hier mit Wachen
zugebracht;

Doch darf sich in den Gärten und Terrassen
Nach Sonnenuntergang nichts männlichs sehen
lassen.

4.

Die Damen pflegen dann, beym sanften
Mondesglanz
Bald paarweis', bald in kleinen Rotten,
Die blühenden Alleen zu durchtrotten;
Und ziert die Fürstin selbst den schönen
Nymfenkranz,
Dann kürzt Gesang und Saitenspiel und Tanz
Die träge Nacht; drauf folgt in stillen Grotten
Ein Bad, zu dem Almansor selbst (so scharf
Gilt hier des Wohlstands Pflicht) sich niemahls
nähern darf.

5.

Amanden (die, wie unser Ritter glaubte,
Im Harem war) zu sehn, blieb keine Möglichkeit,
Wofern er nicht sich um die Dämm'rungszeit
Im Garten länger säumt als das Gesetz erlaubte.
Er hatte dreymahl schon die unruhvollste
Nacht

In einem Busch, an dem vorbey zu gehen
Wer aus dem Harem kam genöthigt war,
durchwacht,
Gelauscht, geguckt, und ach! Amanden nicht
gesehen!

6.

Fußfällig angefleht von Fatme, Ibrahim
Und Scherasmin, ihr und sein eignes Leben
So offenbar nicht in Gefahr zu geben,
Wollt' er, wiewohl der Sonnenwagen ihm
Zu schnell hinab gerollt, am vierten Abend
(eben
Zur höchsten Zeit) sich noch hinweg begeben,
Als plötzlich, wie er sich um eine Hecke
dreht,
Almansaris ganz nahe vor ihm steht.

7.

Sie kam, gelehnt an ihrer Nymfen eine,
Um, lechzend von des Tages strengem Brand,
Im frischen Duft der Pomeranzenhaine
Sich zu ergehn. Ein leichtes Nachtgewand,
So zart als hätten Spinnen es gewebet,

Umschattet ihren Leib, und nur ein goldnes
    Band
Schliefst's um den Busen zu, der durch die
    dünne Wand
Mit schöner Ungeduld sich durchzubrechen
    strebet.

8.

Nie wird die Bildnerin Natur
Ein göttlicher Modell zu einer **Venus** bauen
Als diesen Leib. Sein reitzender Kontur
Flofs wellenhaft, dem feinsten Auge nur
Bemerklich, zwischen dem Genauen
Und Überflüssigen, so weich, so lieblich hin,
Schwer war's dem kältsten Josefssinn,
Sie ohne Lüsternheit und Sehnsucht anzu-
    schauen!

9.

Es war in jedem Theil, was je die Fan-
    tasie
Der **Alkamenen** und **Lysippen**
Sich als das Schönste dacht' und ihren Bil-
    dern lieh;

Es war Helenens Brust, und Atalan-
    tens Knie,
Und Leda's Arm, und Erigonens
    Lippen.
Doch bis zu jenem Reitz erhob die Kunst
    sich nie,
Der stets, so bald dazu die Lust in ihr
    erwachte,
Sie zur Besiegerin von allen Herzen machte.

10.

Der Geist der Wollust schien alsdann
Mit ihrem Athem sich den Lüften mitzu-
    theilen,
Die um sie säuselten. Von Amors schärfsten
    Pfeilen
Sind ihre Augen voll, und wehe dann dem
    Mann,
Der mit ihr kämpfen will! Denn, könnt' er
    auch entgehen
Dem feurig schmachtenden Blick, der ihn so
    lieblich kirrt,
Wie wird er diesem Mund voll Lockungen,
    wie wird
Er seinem Lächeln widerstehen?

11.

Wie dem Sirenenton der zauberischen
Stimme,
Der des Gefühls geheimste Saiten regt?
Der in der Seele Schoofs die süfse Täuschung
trägt,
Als ob sie schon in Wollustseufzern schwimme?
Und wenn nun, eh' vielleicht die Weisheit
sich's versah,
Verräth'risch jeder Sinn, zu ihrem Sieg ver-
einigt,
Den letzten Augenblick der Trunkenheit
beschleunigt:
O sagt, wer wäre dann nicht seinem Falle
nah?

12.

Doch, ruhig! Fern ist noch und unge-
wifs vielleicht
Der Schiffbruch, der uns itzt fast unvermeid-
lich däucht.
Zu fliehen — sonst auf alle Fälle
Das klügste — ging in diesem Augenblick
Nicht an — sie war zu nah — wiewohl an
Hüons Stelle

Ein wahrer Gärtner doch geflohen wär'. Zum
Glück,
Hilft, falls sie fragt, ein Korb mit Blumen
und mit Früchten,
Den er im Arme trägt, ihm eine Antwort
dichten.

13.

Natürlich stutzt die schöne Königin,
In ihrem Wege hier auf einen Mann zu
treffen.
Was machst du hier? fragt sie den Paladin
Mit einem Blick, der jedem andern Neffen
Des alten Gärtners tödtlich war.
Doch Hüon, unterm Schirm gesenkter Augen-
lieder,
Läfst auf die Kniee sich mit edler Ehrfurcht
nieder,
Und stellt den Blumenkorb ihr als ein Opfer
dar.

14.

Er hatte, (spricht er) blofs es ihr zu über-
reichen,
Die Zeit versäumt, die allen seines gleichen

Die Gärten schliefst. Hat er zu viel gethan,
So mag sein Kopf den raschen Eifer büfsen.
Allein die Göttin scheint in einen mildern
Plan
Vertieft, indefs zu ihren Füfsen
Der schöne Frevler liegt. Sie sieht ihn
gütig an,
Und scheint mit Mühe sich zum Fortgehn zu
entschliefsen.

15.

Den schönsten Jüngling, den sie jemahls
sah — und schön
Wie Helden sind, mit Kraft und Würde —
fremde
Der Farbe nach — in einem Gärtnerhemde —
Diefs schien ihr nicht natürlich zuzugehn.
Gern hätte sie mit ihm sich näher einge-
lassen,
Hielt' nicht der strenge Zwang des Wohlstands
sie zurück.
Sie winkt ihm endlich weg; doch scheint ein
Seitenblick,
Der ihn begleitet, viel, sehr viel in sich zu
fassen.

16.

Sie schreitet langsam fort, stillschweigend,
dreht sogar
Den schönen Hals, ihm hinten nachzusehen,
Und zürnt, dafs er dem Wink so schnell
gehorsam war.
War er, den Blick, der ihn erklärte, zu ver-
stehen,
Zu blöde? Fehlt's vielleicht der reitzenden
Gestalt
An Seele? Trügt das ungeduld'ge Feuer
In seinem Auge? Macht Gefahr ihn kalt?
Wie, oder sucht' er hier ein andres Abenteuer?

17.

Ein andres? — Dieser Zweifel hüllt
Ihr plötzlich auf, was sie sich selber zu gestehen
Erröthet. Unruhvoll, verfolgt von Hüons
Bild,
Irrt sie die ganze Nacht durch Lauben und
Alleen,
Horcht jedem Lüftchen das sich regt
Entgegen, jedem Blatt, das an ein andres
schlägt:

Still! spricht sie zur Vertrauten, laſs uns lauschen!
Mir däucht, ich hörte was durch jene Hecke rauschen.

18.

Es ist vielleicht der schöne Gärtner, spricht
Die schlaue Zof': er ist, wofern mich alles nicht
An ihm betrügt, der Mann sein Leben dran zu setzen,
Um hier, im Hinterhalt, an einen Busch gedrückt,
Mit einem Anblick sich noch einmahl zu ergetzen,
Der ihn ins Paradies verzückt.
Wie wenn wir ihn ganz leise überraschten,
Und auf der frischen That den schönen Frevler haschten?

19.

Schweig, Närrin, spricht die Haremskönigin;
Du faselst, glaub' ich, gar im Traume?

Und gleichwohl richtet sie geraden Wegs zum
    Baume,
Woher das Rauschen kam, die leichten Schritte
    hin.
Es war ein Eidechs nur gewesen,
Der durchs Gesträuch geschlüpft. — Ein Seuf-
    zer, halb erstickt,
Halb in den Strauß, den sie zum Munde hielt,
    gedrückt,
Bekräftigt was N a d i n' in ihrem Blick gelesen.

20.

Unmuthig kehrt sie um, und mit sich selbst
    in Zwist,
Beißt sich die Lippen, seufzt, spricht etwas,
    und vergißt
Beym dritten Wort schon was sie sagen wollte,
Zürnt, daß N a d i n e nicht die rechte Antwort
    giebt,
Und nicht erräth, was sie errathen sollte;
Die schöne Dame ist, mit Einem Wort —
    verliebt!
Sogar ihr Blumenstrauß erfährt's — wird, ohn'
    ihr Wissen,
Zerknickt, und Blatt für Blatt, verzettelt und
    zerrissen.

21.

Drey Tage hatte nun das Übel schon gewährt,
Und war, durch Zwang und Widerstand
genährt,
Mit jeder Nacht, mit jedem Morgen schlimmer
Geworden. Denn, so bald der Abendschimmer
Die bunten Fenster mahlt, verläfst sie ihre
Zimmer,
Und streicht, nach Nymfen-Art, mit halb ent-
bundnem Haar,
Durch alle Gartengäng' und Felder, wo nur
immer
Den Neffen Ibrahims zu finden mög-
lich war.

22.

Allein, vergebens lauscht' ihr Blick, verge-
bens pochte
Ihr Busen Ungeduld: der schöne Gärtner liefs
Sich nicht mehr sehn, was auch die Ursach'
heifsen mochte.
Unglückliche Almansaris!
Dein Stolz erliegt. Wozu dich selbst noch län-
ger quälen,
(Denkt sie) und was dich nagt Nadinen, die
gewifs

Es lange merkt, aus Eigensinn verhehlen?
Verheimlichung heilt keinen Schlangenbifs.

23.

Sie wähnt, sie suche Trost an einer Freundin
    Busen;
Doch was sie nöthig hat ist eine Schmeichlerin.
In dieser Hofkunst war Nadine Meisterin.
Der Saft von allen Pompelmusen
In Afrika erfrischte nicht so gut
Der wollustathmenden Sultanin gährend Blut,
Als dieser Freundin Rath und zärtliches
    Bemühen,
Den Mann, den sie begehrt, bald in ihr Netz
    zu ziehen.

24.

Um Mitternacht und bey verschlofsnen
    Thüren
Ihn in den Theil des Harems einzuführen
Worin Almansaris ganz unumschränkt
    befahl,
Schien nicht so schwierig, seit der Sultan, ihr
    Gemahl,
Der Leidenschaft zur schönen Zoradinen

(Wie sich die junge Fremde hieſs
Die durch ein Wunder jüngst an diesem Strand
erschienen)
Ganz öffentlich und frey sich überlieſs.

25.

Die Amme hatte sich im Schlieſsen nicht
betrogen;
Es war Amanda selbst, die aus der Räuber
Macht
Titania durch einen Blitz gezogen
Und unverletzt an diesen Strand gebracht.
Ihr wiſst, was sich begab als sie ans Land
gekommen;
Wie ihr Almansor stracks sein flüchtig Herz
geweiht,
Und wie mit neidischer verstellter Zärtlichkeit
Almansaris sie aufgenommen.

26.

Der Sultan war vielleicht der allerschönste
Mann
Auf den die Sonne je geschienen,
Und wuſste dessen sich so siegreich zu
bedienen,

Daſs ihm noch nie ein weiblich Herz entrann.
Zum ersten Mahl bey dieser Zoradinen
Verlor er seinen Ruhm. Für Sie ist nur Ein
                Mann
Auf Erden; Sie hat keine Augen, keinen
Gedanken, keinen Sinn, als nur für diesen
                Einen.

27.

Die Würde ohne Stolz, die edle Sicherheit,
Die anstandvolle, unverstellte
Gleichgültigkeit und ungezwungne Kälte,
Womit sie ihn, der hier befehlen kann, so weit
Von sich zu halten weiſs, daſs er, wie sehr er
                brennet,
Ihr kaum durch einen stummen Blick
Zu klagen wagt, — dieſs alles sieht und nennet
Almansaris der Buhlkunst Meisterstück.

28.

Gewohnt, des Sultans Herz nach ihrer Lust
            zu drehen,
Zu herrschen über ihn, im Harem unbe-
            schränkt

Zu herrschen, könnte sie den Zepter ungekränkt
Von dieser Fremden aus der Hand sich spielen sehen?
Zwar leiht sie ihrem Haſs ein lächelndes Gesicht,
Und thut als zweifle sie an Zoradinen nicht;
Doch überall ist's in des Harems Mauern
Verborgner Augen voll, die all ihr Thun belauern.

29.

Allein, seitdem des schönen Gärtners Reitz
Mit Amors schärfstem Pfeil ihr stolzes Herz durchdrungen,
Hat Lustbegier die Eifersucht verschlungen.
Ihr Ehrgeitz weicht nun einem süſsern Geitz,
Dem Geitz nach seinem Kuſs. Ihn wieder zu besiegen
Ist nun ihr einz'ger Stolz. Mag doch die ganze Welt
Zu Zoradinens Füſsen liegen,
Wenn Sie nur den sie liebt in ihren Armen hält!

30.

Sie selbst befördert nun den Anschlag —
Zoradinen,
Entfernt von ihr, in einem andern Theil
Des Harems, den Almansor schon in Eil'
Für sie bereiten ließ, anständ'ger zu bedienen:
Der Fremden wahrer Stand, wiewohl sie ihn
noch nicht
Gestanden, mache dieß zu einer Art von
Pflicht;
Beym ersten Anblick könn' es keinem Aug'
entgehen,
Sie sey gewohnt nichts über sich zu sehen.

31.

Indem Almansaris, mit list'ger Höf-
lichkeit,
Auf diese Weise sich in ihren eignen Zimmern
Von einer Zeugin, die ihr lästig ist, befreyt,
Läßt, ohne sich um sie, und wie sie sich die
Zeit
Vertreiben kann und will, im mindesten zu
kümmern,
Almansor, der nun ganz sich seiner Liebe
weiht,

Ihr freyen Raum, Entwürfe auszubrüten,
Wozu im Harem ihr sich hundert Hände
bieten.

32.

Unmäſsig grämt indeſs der schöne Gärtner
sich,
Daſs ihm — der schon seit mehr als sieben
Tagen
Die Mauern, wo Amanda trau'rt, umschlich,
(Denn daſs sie trau'rt, das kann sein eignes
Herz ihm sagen)
Das holde Weib auch durch ein Gitter nur
Zu sehn, nur ihres leichten Fuſses Spur,
(Er würd' ihn, o gewiſs! aus tausenden
erkennen!)
Die unmitleidigen Gestirne noch miſsgönnen.

33.

Er wirft sich unmuthsvoll bey seinen Freun-
den hin:
„Könnt ihr, wenn ihr mich liebt, denn keinen
Weg ersinnen,
Nur einen einz'gen Mund im Harem zu
gewinnen,

Der meinen Nahmen nur und dafs ich nah
  ihr bin
Ins Ohr ihr flüstre?" — Still! da kommt mir
  was zu Sinn,
Ruft Fatme aus: Ihr sollt ihr einen Mahneh
  schicken!
Geht nur, die Blumen, die uns nöthig sind, zu
  pflücken;
In dieser Sprache bin ich eine Meisterin.

34.

Und Hassan eilt, wie Fatme ihm befohlen,
Ein Myrtenreis, und Lilien, und
  Schasmin,
Und Rosen und Schonkilien herzu-
  hohlen.
Drauf heifst sie ihn ein Haar aus seinen
  Locken ziehn,
Nimmt dünnen goldnen Draht, und
  windet
Und dreht das Haar mit ihm zusammen, bindet
Den Straufs damit, und drein ein Lorber-
  blatt,
Worauf er A und H, verschränkt, gekritzelt hat.

35.

Nun, spricht sie, wenn ich's noch mit Zim-
    metwasser netze,
So ist's der schönste Brief, den je ein Herzens-
    dieb
Von eurer Art an seine Liebste schrieb.
Wollt ihr, daſs ich's geschwind euch übersetze?
Verliere keine Zeit, ruft Huon, tausend Dank!
Du kannst nicht bald genug mir eine Antwort
    bringen;
Die Liebe schütze dich und laſs' es dir gelingen!
Geh, wir erwarten dich auf dieser Rasenbank.

36.

Die gute Fatme ging. Allein, weil ihr kein
    Zimmer
Im innern Theil des Harems offen stand,
So lief der Strauſs durch manche Sklavenhand,
Und ward zuletzt (wie sich der Zufall immer
In alles ungebeten mischt)
Durch einen Irrthum von Nadinen aufge-
    fischt,
Und ihrer Königin, nachdem sie erst durch
    Fragen
Das Wie und Wann erforscht, frohlockend
    zugetragen.

37.

Weil Fatme diesen Brief gebracht,
Die Sklavin Ibrahims, so konnte der Verdacht
Auf keinen andern als den schönen Hassan
fallen;
Und dafs er aus des Harems Schönen allen
Der Schönsten gelten mufs, scheint eben so
gewifs,
Zumahl nach dem was jüngst sich zugetragen.
Was könnte denn das A und H sonst sagen,
Als — Hassan und Almansaris?

38.

Und hätte sie, wiewohl es nicht zu glauben,
Auch eine Nebenbuhlerin;
Nur desto mehr Triumf für ihren stolzen Sinn,
Der Feindin mit Gewalt die Beute wegzu-
rauben!
Die Eifersucht, die diefs auf einmahl rege
macht,
Vereinigt sich mit andern sanftern Trieben,
Nicht länger als bis auf die nächste Nacht
Den schönen Sieg, nach dem sie dürstet, zu
verschieben.

39.

Indessen kommt, entzückt von ihres Auf-
trags Glück,
Und ohne Argwohn, hintergangen
Zu seyn, fast athemlos, mit glühend rothen
Wangen
Vor Freud' und Hastigkeit, die Amme nun
zurück.
Ihr Blick ist schon von fern als wie ein Sonnen-
blick
Aus Wolken, die sich just zu theilen ange-
fangen.
Herr Ritter, (raunt sie ihm ins Ohr) was gebt
ihr mir,
So öffnet heute noch sich euch die Himmels-
thür?

40.

Mit Einem Wort, ihr sollt Amanden
sehen!
Noch heut, um Mitternacht, wird euch die
kleine Thür
Ins Myrtenwäldchen offen stehen:
Der Sklavin, die euch dort erwartet, folget ihr

Getrost wohin sie geht, und fürchtet keine
>Schlingen;
Sie wird euch unversehrt an Ort und Stelle
>bringen. —
Das gute Weib, dem nichts von Arglist
>schwant,
Verläfst sich auf den Weg, den sie ihm selbst
>gebahnt.

41.

„Wie hoch, o Fatme! bin ich dir ver-
>bunden!
Ruft Hüon aus — Ich soll sie wiedersehn!
Noch diese Nacht! Und wär's, durch tausend
>Wunden
Unmittelbar von Ihr in meinen Tod zu gehn,
Kaum würde weniger die Nachricht mich
>erfreuen!"
Mein bester Herr, ich habe guten Muth;
Die Sterne sind uns hold, ihr werdet sie
>befreyen,
(Spricht Scherasmin) und alles wird noch
>gut!

42.

Gebt mir drey Tage nur, um heimlich eine Pinke
Zu miethen, die nicht fern in einer sichern Bucht
Vor Anker liegen soll, bereit, beym ersten Winke,
So bald der Augenblick zur Flucht
Uns günstig wird, frisch in die See zu stechen.
Noch läfst's das Kästchen uns an Mitteln nicht gebrechen;
Nur Gold genug, so ist die Welt zu Kauf;
Ein goldner Schlüssel, Herr, schliefst alle Schlösser auf!

43.

Indefs dafs unser Held die Zeit von seinem Glücke
Mit Ungeduld an seinem Pulse zählt,
Und, weil sein Puls mit jedem Augenblicke
Behender schlägt, sich immer überzählt
Seufzt, nicht geduldiger, die reitzende Sultane,
Gerüstet schon zum Sieg, die Mitternacht herbey.

Gefällig bot der Zufall ihrem Plane
Die Hand, und machte sie von allen Seiten
frey.

44.

Ein grofses Fest, der schönen Zoradinen
Zu Ehren im Palast vom Sultan angestellt,
Wobey die Odalisken all' erschienen,
Gab ihr in ihrem Theil des Harems offnes
Feld.
Dafs sich Almansaris für überflüssig hält
Bey dieser Lustbarkeit, schien keinem unge-
bührlich:
Im Gegentheil, man fand das Kopfweh sehr
natürlich,
Das, wie gebeten, sie auf einmahl überfällt.

45.

Die Stunde ruft. Der schöne Gärtner nahet
Sich leise durchs Gebüsch der kleinen Gar-
tenthür.
Wie klopft sein Herz! Ihm fehlt der Athem
schier,

Da eine weiche Hand im Dunkeln ihn
empfahet,
Und sanft ihn nach sich zieht. Stillschwei-
gend folgt er ihr,
Mit leisem Tritt, bald auf bald ab, durch
enge
Sich oft durchkreuzende lichtarme Bogen-
gänge,
Und nun entschlüpft sie ihm vor einer neuen
Thür.

46.

Wo sind wir? flüstert er und tappt mit
beiden Händen.
Auf einmahl öffnet sich die Thür. Ein mat-
ter Schein
(Wie wenn sich, zwischen Myrtenwänden
Mit Efeu überwölbt, in einem Frühlings-
hain
Der Tag verliert) entdeckt ihm eine Reihe
Zimmer
Die ohne Ende scheint; und, wie er vorwärts
geht,

Wird unvermerkt das matte Licht zu Schimmer,
Der Schimmer schnell zum höchsten Glanz erhöht.

47.

Er steht betroffen und geblendet
Von einer Pracht, die alles, was er ie
Gesehn, beschämt; so sehr ist Gold und Lapis Lazuli,
Und was **Golkond** und **Siam** reiches sendet,
Mit stolzer Üppigkeit hier überall verschwendet.
Doch unbefriedigt sucht sein liebend Auge — Sie.
Wo ist Sie? seufzt er laut. Kaum ist sein Ach! entflogen,
So wird, in einem Blitz, ein Vorhang weggezogen.

48.

Zu beiden Seiten rauscht der reiche Goldstoff auf,
Und welch ein Schauspiel zeigt sich seinen starren Blicken!

Ein goldner Thron, und eine Dame drauf,
So wie ein Bildner sich, verloren in Ent-
zücken,
Die Liebesgöttin denkt. Zwölf Nymfen, jede
jung
Und voller Reitz, wie Amors Schwestern,
schweben
In Gruppen rings umher, — um, gleich der
Dämmerung,
Den steigenden Triumf der Sonne zu erheben.

49.

Von rosenfarbner Seide kaum
Beschattet, schienen sie, zu ihrer Dame
Füfsen,
Wie Wölkchen, die in einem Dichtertraum
Um Cythereens Wagen fliefsen.
Sie selbst, im reichsten Putz und mit Juwe-
len ganz
Belastet, zeigt ihm blofs, dafs all diefs bunte
Funkeln
Nicht fähig ist, den angebornen Glanz
Von ihrer Schönheit zu verdunkeln.

50.

Herr Hüon, (der sich nun der Gärtner Hassan nennt)
So wie sein Auge sich zu ihr erhebt — erkennt
Almansaris, erschrickt, verwirrt sich, wankt zurücke.
Dieſs allverblendende wollüst'ge Traumgesicht,
Was soll es ihm? — Er sieht Amanden nicht!
Sie suchte hier sein Herz, Sie suchten seine Blicke.
Almansaris, die sehr verzeihlich irrt,
Glaubt, daſs ihr Glanz allein ihn blendet und verwirrt.

51.

Sie steigt vom Thron herab, kommt lächelnd ihm entgegen
Und nimmt ihn bey der Hand, und scheint bereit, für ihn
Die Majestät, vor der ihm schwindelt, abzulegen,
Und allen Vortheil bloſs von ihrem Reitz zu ziehn.

Unmerklich wird ihr Anstand immer freyer;
In ihren Augen brennt ein lieblich lodernd
  Feuer
Und spielt elektrisch sich in seinen Busen
  ein;
Sie drückt ihm sanft die Hand, und heifst ihn
  fröhlich seyn.

52.

Halb unentschlossen scheint sein Blick ihr
  was zu sagen:
Sie winkt die Nymfen weg, und weg ist auch
  sein Muth;
Er scheint zu furchtsam nur die Augen auf-
  zuschlagen.
Die Scene ändert sich. Ein zweyter Vorhang
  thut
Sich auf. Almansaris führt ihren blöden
  Hirten
In einen andern Sahl, wo rings umher die
  Wand
Bekleidet war mit Rosen und mit Myrten,
Und mit Erfrischungen ein Tisch beladen
  stand.

53.

Beym Eintritt werden sie mit Sang und
　　　　Klang empfangen,
Aus Saiten und Gesang ertönt der Freude
　　　　Geist;
Und Hassan setzt, wie ihm's die Dame heifst,
Ihr gegenüber sich. Erröthendes Verlangen
Und schöne Ungeduld bekennet, furchtsam
　　　　dreist,
In ihrem schwimmenden Blick, auf ihren
　　　　glühenden Wangen,
Ihm seinen Sieg: allein, aus seinen Augen
　　　　bricht
Wie aus Gewölk ein traurig düstres Licht.

54.

Zwar irrt, nicht blöde mehr, sein Blick
　　　　von freyen Stücken
Auf ihren Reitzungen umher;
Doch nicht aus Liebe, nicht mit schmachten-
　　　　dem Entzücken,
Nicht, wie sie wünscht, vom Thau wollüst'-
　　　　ger Thränen schwer.
Er ist zerstreut, er scheint sie zu vergleichen,

Und jeder Reitz, der ihm nachstellend sich
enthüllt,
Mahlt nur lebendiger Amandens edles
Bild,
Und muſs, beschämt, dem keuschen Reitze
weichen.

55.

Vergebens reicht sie ihm den blinkenden
Bokal
Mit einem Blick, der Amors ganzen Köcher
In seinen Busen schieſst. Beym frohsten Göt-
termahl
Reicht ihrem Herkules den vollen Nektar-
becher
Mit süſserm Lächeln selbst die junge Hebe
nicht.
Umsonst! Mit frostigem Gesicht
Nimmt er den Becher an, den kaum ihr
Mund berührte,
Und trinkt, als ob er Gift auf seiner Zunge
spürte.

56.

Die Dame winkt; und schnell schlingt sich
die Schwesterschaar
Der Nymfen, die vorhin den goldnen Thron
umgaben,
In einen Tanz, der Todte auf der Bahr'
Mit neuen Seelen zu begaben,
Und Geister zu verkörpern fähig war.
In Gruppen bald verwebt, bald wieder Paar
und Paar,
Sieht Hüon hier die lieblichsten Gestalten
In tausendfachem Licht freygebig sich ent-
falten.

57.

Vielleicht zu deutlich nur, scheint alles
abgezielt
Begierden ihm und Ahnungen zu geben:
Er fühl' es immerhin, denkt sie, wenn er
nur fühlt,
Wie reich das Schauspiel ist das hier die
Schönheit spielt!
Wie reitzend ist der Arme leichtes Schweben,
Der Hüften üppiger Schwung, der Knöchel
wirbelnd Beben!

Wie schmachtend fallen sie, mit halb geschlofs-
nem Blick,
Als wie in süfsen Tod itzt stufenweis' zurück!

58.

Unwillig fühlt die überraschten Sinnen
Der edle Mann in dieser Gluth zerrinnen.
Er schliefst zuletzt die Augen mit Gewalt,
Und ruft Amandens Bild zum mächt'gen
Gegenhalt;
Amandens Bild, aus jener ernsten Stunde,
Als er, den Druck noch warm auf seinem
Munde
Von ihrem Kufs, zu Dem, der die Natur
Erfüllt und trägt, den Eid der Lieb' und
Treue schwur.

59.

Er schwöret ihn, aufs neue, in Gedanken
Auf seinen Knie'n vor diesem heil'gen Bild:
Und plötzlich ist's als hielt' ein Engel seinen
Schild
Vor seine Brust, so matt und kraftlos sanken

Der Wollust Pfeile von ihr ab.
Almansaris, die Acht auf alles gab
Was ihr sein Blick verrieth, klopft schnell
    in ihre Hände,
Und macht in einem Wink dem üpp'gen Tanz
    ein Ende.

60.

Und ob sie gleich mit Müh kaum über
    sich gewann,
Dem marmorharten jungen Mann
In ihren Armen nicht Empfindung abzu-
    zwingen,
Versucht sie doch noch eins, das schwerlich
    fehlen kann:
Sie läfst sich ihre Laute bringen.
Auf ihrem Polstersitz mit Reitz zurück gelehnt,
Und, zum Bezaubern fast, durch ihre Gluth
    verschönt,
Was wird ihr durch die Gunst der Musen
    nicht gelingen?

61.

Wie rasch durchläuft in lieblichem Gewühl
Der Rosenfinger Flug die seelenvollen Saiten!

Wie reitzend ist dabey aus ihrem offnen
weiten
Rückfallenden Gewand der schönen Arme
Spiel!
Und, da aus einer Brust, die Weise zu
bethören
Vermögend war, das mächtige Gefühl
Sich in Gesang ergiefst, wie kann er sich
erwehren
Auf seinen Knie'n die Göttin zu verehren?

62.

Süfs war die Melodie, bedeutungsvoll der
Sinn.
Es war das Lied von einer Schäferin,
Die lange schon ein Feu'r, das keine Rast ihr
gönnet,
Verbarg — doch nun dem allgewalt'gen Drang
Nicht länger widersteht, und dem, der sie
bezwang,
Erröthend ihre Pein und seinen Sieg bekennet.
Das Lied stand zwar im Buch, allein, so wie
sie sang,
Singt keine, die nicht selbst in gleichen Flam-
men brennet.

63.

Hier weicht die stolze Kunst der siegenden
Natur;
So lieblich girrt der Venus Taube nur!
Die Sprache des Gefühls, so mächtig ausge-
sprochen,
Der schönen Töne klarer Fluſs
Durch kleine Seufzerchen so häufig unter-
brochen,
Der Wangen höhers Roth, des Busens schnel-
lers Pochen,
Kurz, alles ist vollströmender Erguſs
Der Leidenschaften, die in ihrem Innern kochen.

64.

Im Übermaſs von dem was sie empfand
Fällt ihr zuletzt die Laute aus der Hand.
Die Arme öffnen sich — Doch, Hüon, dem
es graute,
Greift eilends noch im Fallen nach der Laute
Wie ein Begeisterter, und stimmt mit mächt'-
gem Ton
Die Antwort an, gesteht, daſs eine andre
schon

Sein Herz besitzt, und daſs im Himmel und
auf Erden
Ihn nichts bewegen kann ihr ungetreu zu
werden.

65.

Fest war sein Ton, und unbestechlich streng
Sein edler Blick. Die Zaubrerin, wider
Willen,
Fühlt seine Obermacht. Sie blaſst, und Thrä-
nen füllen
Ihr zürnend Aug'; die Lust kommt ins
Gedräng
Mit ihrem Stolz. Sie eilt sich zu verhüllen;
Verhaſst ist ihr das Licht, der weite Sahl zu
eng:
Mit einem kalten Blick auf ihren
Rebellen, winket sie, ihn schleunig abzu-
führen.

66.

Die Gipfel glänzten schon im ersten Purpurlichte,
Als unser Held, die Stirn in finstern Gram

Gehüllt, zurück zu seinen Freunden kam.
Erschrocken lasen sie in seinem Angesichte
Beym ersten Blick die Hälfte der Geschichte.
Unglückliche, spricht er zu Fatmen, die vor
    Scham
Zur Erde sinkt, wohin war dir dein Sinn ent-
    flogen?
Doch — dir verzeih' ich gern — du wurdest
    selbst betrogen.

67.

Und als er drauf, was ihm in dieser
    Nacht
Begegnet war, erzählt, faſst er den guten
    Alten
Vorn an der Brust, und schwört: ihn soll die
    ganze Macht
Von Afrika nicht länger halten,
Mit Schwert und Schild, wie einem Ritters-
    mann
Geziemt, in den Palast zu dringen,
Und seine Rezia dem Sultan abzuzwingen.
Du siehst nun, spricht er, selbst, was ich
    mit List gewann!

68.

Zu seinen Füfsen fleht ihm **Scherasmin**, und lange
Vergebens, nur drey Tage noch dem Zwange
Der nöthigen Verborgenheit
Sich in Geduld zu untergeben,
Und nicht durch einen Schritt, den selbst die Tapferkeit
Verzweifelt nennt, sein und **Amandens** Leben
Zu wagen; bittet nur um diese kurze Zeit,
Um jedes Hindernifs von seiner Flucht zu heben.

69.

Auch **Fatme** fleht auf ihren Knieen, streckt
Ihr Haupt der Rache dar, wofern sie zu **Amanden**
Ihm binnen dieser Frist den Zugang nicht entdeckt.
Sie schwört, zum zweyten Mahl soll kein Betrug zu Schanden
Sie machen — Kurz, der Ritter selber fühlt,

Daſs ihm sein Unmuth nicht den besten Weg
empfiehlt:
Er giebt sein Wort, und kehret in den
Garten
Zurück, um seines Diensts und des Erfolgs
zu warten.

Eilfter Gesang.

Varianten.

In der ersten Ausgabe fängt hier der dreyzehnte Gesang an.

Stanze 4. Vers 1 — 6.

Die Damen pflegen dann, beym sanften Rosenglanz
Der Dämmerung (die hier sich selten ganz
Verliert) bald paarweis', bald in Rotten,
Die blühenden Alleen zu durchtrotten.
Oft kürzt Gesang und Saitenspiel und Tanz
Die schnelle Nacht; — —

St. 5. V. 6.

In einem Busch, bey dem (Busche, wo) vorbeyzugehen

St. 9. V. 7, 8.

(c) Der sie, so bald dazu die Lust in ihr erwachte,
Zur Siegerin von allen u. s. w.

St. 10. V. 3.
Die um sie wehn. — —

V. 7, 8.
(a. b) Wie wird er dieses Munds Verführungen, wie wird
Er ihrem Lächeln widerstehen?
(c) Wie wird er dieser Lippen Reitz, wie wird

St. 11. V. 5.
— — eh vielleicht die Weisheit sich's versehn,

V. 8.
Wie kann, o sagt, wie kann er widerstehn?

St. 16. V. 7.
In seinem Blick? Macht die Gefahr ihn kalt?

St. 18. V. 1.
(c) Vielleicht den schönen Gärtner? spricht

St. 20. V. 3.

(c) Beym dritten Worte was sie sagen wollte,

St. 30. V. 8.

Sie sey gewohnt nichts über ihr zu sehen.

St. 40. V. 8.

(a) Hält sich des Wegs gewiſs, den u. s. w.

St. 42. V. 6.

(c) Das Kästchen läſst es uns u. s. w.

St. 43. V. 1.

(c) Indessen unser Held die Zeit u. s. w.

St. 45. V. 7.

— — — lichtlose Bogengänge,

St. 47. V. 3.

— — — so sehr ist Gold und Lazuli

St. 48. V. 7.

In Gruppen um sie her u. s. w.

St. 53. V. 7.

(c.) Des Jünglings Sieg: — —

St. 54. V. 8.

— — — den keuschen Reitzen weichen.

St. 56. V. 1.

(c) — — und schnell fügt sich die Schwesterschaar

St. 65. V. 3.

(c) Fühlt seine Obermacht, erblaſst, und
Thränen füllen

St. 66. V. 1, 2.

(c) Schon flimmerten im ersten Purpurlichte
Die Gipfel, als der Held u. s. w.

S. 67. V. 4.

Von Afrika zurück nicht länger halten,

OBERON

ZWÖLFTER GESANG.

ZWÖLFTER GESANG.

1.

Indessen sucht auf Polstern von Damast
Almansaris, mit Amors wildstem Feuer
In ihrer Brust, umsonst nur eine Stunde
　　　　Rast.
Ist's möglich, oder hat das schnöde Abenteuer
Der letzten Nacht ihr nur geträumt? Ein
　　　　Mann
Verachtet dich, Almansaris? Er kann
Dich sehen und für eine andre brennen,
Kann dich verschmähn, und darf es dir
　　　　bekennen?

2.

Zur Wuth treibt der Gedanke sie;
Sie schwört sich grenzenlose Rache.
Wie häfslich wird er ihr! Ein Ungeheu'r, ein
Drache
Ist lieblicher, als ihre Fantasie
Den Undankbaren mahlt — Wie lang'? — In
zwo Minuten
Ist sie des vorigen sich schon nicht mehr
bewufst:
Bald soll er tropfenweis' im Staub vor ihr
verbluten,
Bald drückt sie ihn entzückt an ihre Brust.

3.

Nun steht er wieder da in seiner ganzen
Schöne,
Der erste aller Erdensöhne,
Ein Held, ein Gott! — Unmöglich ist er
nur
Der Neffe Ibrahims; in seinem ganzen
Wesen,
In seinem Ton und Anstand ist die Spur
Von dem, was er umsonst verbergen will, zu
lesen;

Wo ist der Stempel der Natur,
Der einen König macht, sichtbarer je gewesen?

4.

Er, er allein, ist ihrer werth,
Ist werth in ihrem Arm sich zu vergöttern.
Und, o! ihr fehlt ein Blitz, die Feindin zu
 zerschmettern
Die ihn bezaubert hält und ihr den Sieg
 erschwert!
Doch, wie, **Almansaris**? Fühlst du dich
 selbst nicht besser?
Gönn' ihm den kleinen Stolz, sich pfauengleich
 zu blähn
In seinem Heldenthum! Selbst Dir zu wider-
 stehn!
Das alles macht doch nur die Lust des Sieges
 gröfser!

5.

Bestürm' ihn erst, eh' du den Muth ver-
 lierst,
Mit jedem Reitz, auf den sich wahre Schönheit brüstet;

Begieb, damit du ihn um so viel sichrer
        rührst,
Der fremden Waffen dich, womit die Kunst
        uns rüstet;
Er fühl' und seh' was Götter selbst gelüstet!
Und wenn du dann sein Herz noch nicht
        verführst,
Er dann dich noch verschmäht — dann,
        Königin, erwache
Dein Stolz, und schaffe dir die süfse Lust
        der Rache!

6.

So flüstert ihr aus einer Zofe Mund
Der kleine Dämon zu, den ihr, mit vollem
        Köcher,
Gebietrisch sitzen seht auf diesem Erdenrund!
Der alle Welt aus seinem Zauberbecher
Berauscht, und den, wer ihn nicht besser
        kennt,
Zur Ungebühr den Gott der Liebe nennt!
Denn — jeder jungen unerfahrnen Dame
Zur Nachricht sey es kund! — Asmodi ist
        sein Nahme.

7.

Almansaris, in deren warmem Blut
Schon ein **Verführer** schleicht, ist gegen
 den **Betrüger**
Von aufsen weniger als jemahls auf der Hut;
Sein Anhauch nährt und fächelt ihre Gluth,
Und kaum dafs sie, zur Zier, dergleichen thut
Als widerstände sie, so ist **Asmodi** Sieger.
Die Zofe Schmeichlerin, sein würdiges Organ,
Legt den Entwurf sogleich mit vieler Klug-
 heit an.

8.

O raubet nun dem Blitz die Feuerschwingen,
Ihr Stunden, ihn herbey zu bringen,
Den süfsen Augenblick! Zu langsam schlei-
 chet ihr
(Wie schnell ihr eilt!) der lechzenden Begier!
Doch — Sie ist's nicht allein, die itzt Sekun-
 den zählet:
Auch **Hüon** überlebt, von Ungeduld gequälet,
Den trägen Gang der drey verhafsten Tage
 kaum,
Und wachend und im Schlaf ist **Rezia** sein
 Traum.

9.

Der zweyte Morgen war dem sehnlichen
Verlangen
Der Haremskönigin nun endlich aufgegangen;
Goldlockig, schön und rosenathmend stieg
Er, wie der Herold, auf, der ihr den schön-
sten Sieg
Verkündigte, schon säuselt durch die Myrten,
Die, dicht verwebt, der Grotten schönste
gürten,
Ein leichter Morgenwind, und tausendstim-
mig schallt
Der Vögel frühes Kor im nah gelegnen Wald.

10.

Doch um die Grotte her ist unterm Myr-
tenlaube
In ew'ger Dämmerung das Heiligthum der
Ruh.
Hier girret nur die sanfte Turteltaube
Dem Tauber ihre Sehnsucht zu.
In diesen lieblichen Gebüschen,
Dem dunkeln Sitz verborgner Einsamkeit,
Pflegt öfters sich zur stillen Morgenzeit
Almansaris mit Baden zu erfrischen.

11.

Der anmuthsvolle Morgen rief
Den schönen Hassan auf, indefs noch alles
    schlief,
Die Blumenkörbe voll zu pflücken,
Die er an jedem Tag dem Harem zuzu-
    schicken
Verbunden war: als ihm ein Sklav' entge-
    gen lief,
Und keichend ihm befahl die Grotte aufzu-
    schmücken.
Der Neger fügt, zur Eil' ihn anzuspornen, bey,
Dafs eine Dame dort zu baden Willens sey.

12.

Verdrossen geht Herr Hüon auszurichten
Was ihm befohlen war. Er füllt mit bunten
    Schichten
Von Blumen, Florens ganzem Schatz,
Den gröfsten Korb, und eilt zum angewiesnen
    Platz.
Fern ist's von ihm der Sache mifszutrauen.
Allein, beym Eintritt in die Grotte fällt
    auf ihn

Ein dumpfes wunderbares Grauen,
Und ein verborgner Arm scheint ihn zurück
    zu ziehn.

13.

Betroffen setzt er seine Blumen nieder;
Doch faſst er Augenblicks sich wieder
Und lächelt seiner Furcht. Das zweifelhafte
    Licht,
Das unter tausendfachem Flittern
In diesem Labyrinth mit sichtbarm Dunkel
    ficht,
Ist ohne Zweifel Schuld an diesem kind'schen
    Zittern,
Denkt er, und geht getrost, bey immer hellerm
    Schein,
Mit seinem Blumenkorb ins Innerste hinein.

14.

Hier herrscht ein Tag wie zu verstohlnen
    Freuden
Die schlaue Lust ein Zauberlicht sich wählt,
Nicht Tag nicht Dämmerung; er schwebte
    zwischen beiden,

Nur lieblicher durch das, was ihm zu beiden
fehlt,
Er glich dem Mondschein, wenn durch Rosen-
lauben
Sein Silberlicht zerschmilzt in blasses Roth.
Der Held, wiewohl ihm hier noch nichts
gefährlichs droht,
Erwehrt sich kaum bezaubert sich zu glauben.

15.

Was er am wenigsten sich überreden kann,
Ist, daſs man hier, wo alles um und an
Von Blumen strotzt, noch Blumen nöthig
hätte.
Doch, wie sein Auge nun auf allen Seiten
irrt,
O wer beschreibt wie ihm zu Muthe wird,
Da ihm auf einem Ruhebette
Sich eine Nymf' aus Mahoms Paradies
Im vollen Glanz der reinsten Schönheit wies!

16.

In einem Licht, das zauberisch von oben
Wie eine Glorie auf sie herunter strömt,

Und, durch die Dunkelheit des übrigen
erhoben,
Mit ihres Busens Schnee die Lilien beschämt;
In einer Lage, die ihm Reitzungen entfaltet
Wie seine Augen nie so schön entschleiert sahn;
Mehr werth als alles was zum Farren und
zum Schwan
Den Jupiter der Griechen umgestaltet.

17.

Die Gase, die nur, wie ein leichter Schatten
Auf einem Alabasterbild,
Sie hier und da umwallet, nicht verhüllt,
Scheint mit der Nacktheit selbst den Reitz der
Scham zu gatten.
Weg, Feder, wo Apell und Tizian
Bestürzt den Pinsel fallen liefsen!
Der Ritter steht, und bebt, und schaut bezaubert an,
Wiewohl ihm besser war die Augen zuzuschliefsen.

18.

In süfsem Irrthum steht er da
Und glaubt, doch nur zwey Augenblicke,

(So schön ist was er sieht) er sehe Rezia.
Allein, mit Recht mifstrauisch einem Glücke
Das ihm unglaublich däucht, tritt er ihr
  näher, sieht,
Erkennt Almansaris, und wendet sich und
  flieht;
Er flieht, und fühlt im Fliehn von zwey
  elastisch runden
Milchweifsen Armen sich gefangen und
  umwunden.

19.

Er kämpft den schwersten Kampf, den je
  seit Josefs Zeit
Ein Mann gekämpft, den edlen Kampf der
  Tugend
Und Liebestreu' und feuervollen Jugend
Mit Schönheit, Reitz und heifser Üppigkeit.
Sein Will' ist rein von sträflichem Ent-
  zücken;
Allein, wie lange wird er ihrem süfsen
  Flehn,
Den Küssen voller Gluth, dem zärtlich wilden
  Drücken
An ihren Busen, widerstehn?

20.

O Oberon, wo ist dein Lilienstängel,
Wo ist dein Horn in dieser Fährlichkeit?
Er ruft Amanden, Oberon, alle Engel
Und Heilige zu Hülf' — Und noch zu rechter
Zeit
Kommt Hülf' ihm zu. Denn just da jede
Sehne
Ermatten will zu längerm Widerstehn,
Und mit wollüst'ger Wuth ihn die erhitzte
Schöne
Fast überwältigt hat, läfst sich Almansor
sehn.

21.

Gleich einem angeschofsnen Wild,
Und wüthend, eine Frau, die ihn verschmäht,
zu lieben,
Hat er, verfolgt von Zoradinens Bild,
Schon eine Stunde sich im Garten umgetrieben:
Der Zufall leitet ihn in dieses Myrtenrund;
Er glaubt die Stimme von Almansaris zu
hören,
Und, weil die Grottenthür nur angelehnet stund,
Geht er hinein, sich näher zu belehren.

22.

Der Dämon, der durch seiner Priesterinnen
Gefährlichste des Ritters Treu' bestritt,
Wird schon von fern an seinem Sultansschritt
Almansors nahe Ankunft innen.
O Hülfe, Hülfe! schreyt das schnell gewarnte
Weib,
Und wechselt stracks mit Hüons Ihre Rolle,
Stellt sich, als kämpfte sie um ihren eignen
Leib
Mit einem Wüthenden, der sie entehren wolle.

23.

Ihr wilder Blick, ihr halb zerrissenes
Gewand,
Ihr fliegend Haar, des jungen Gärtners
Schrecken,
Der von der unversehen kecken
Beschuldigung wie blitzgetroffen stand,
Der Ort, wo ihn der Sultan fand;
Kurz, alles schien in ihm den Frevler zu
entdecken.
O Alla! sey gelobt, rief die Betrügerin,
Daſs ich Almansorn selbst die Rettung
schuldig bin!

24.

Drauf, als sie schamhaft sich in alle ihre
Schleier
Gewickelt, lügt sie, mit dem Ton
Der Unschuld selbst, ein falsches Abenteuer:
Wie dieser schändliche verkappte Christensohn,
Da ihr die Lust im Kühlen sich zu waschen
Gekommen, sich erfrecht sie hier zu über-
raschen,
Und wie sie mit Gewalt sich seiner kaum
erwehrt,
Als ihn, zu gröfstem Glück, der Sultan noch
gestört.

25.

Um von dem häfslichen Verbrechen,
Defs er beschuldigt wird, den Ritter los zu
sprechen,
Bedurft's nur Einen unbefangnen Blick;
Doch seinem Richter fehlt auch dieser einz'ge
Blick.
Der Held verachtet es, mit einer Frauen
Schande
Sich selbst vom Tode zu befreyn;

Er schmiegt den edeln Arm in unverdiente
Bande,
Und hüllet schweigend sich in sein Bewufst-
seyn ein.

26.

Der Sultan, den sein Unmuth zum Ver-
dammen
Noch rascher macht, bleibt dumpf und unge-
rührt.
Der Frevler werd' in Ketten weggeführt,
(Herrscht er den Sklaven zu, die sein Befehl
zusammen
Gerufen) werfet ihn in eine finstre Gruft;
Und morgen früh, so bald vom Thurm der
Imam ruft,
Werd' er, im äufsern Hof, ein Raub ergrimm-
ter Flammen,
Und seine Asche streut mit Flüchen in die
Luft!

27.

Der Edle hört sein Urtheil schweigend —
blitzet
Auf das verhafste Weib noch Einen Blick
herab,

Und wendet sich, und geht in Fesseln ab,
Auf einen Muth, den nur die Unschuld giebt,
gestützet.
Kein Sonnenblick erfreut das fürchterliche
Grab,
Worin er nun tief eingekerkert sitzet;
Der Nacht des Todes gleicht die Nacht, die
auf ihn drückt
Und jeden Hoffnungsstrahl in seinem Geist
erstickt.

28.

Ermüdet von des Schicksals strengen
Schlägen,
Verdrossen, stets ein Ball des Wechselglücks
zu seyn,
Seufzt er dem Augenblick, der ihn befreyt,
entgegen.
Schreckt ihn das Vorgefühl der scharfen
Feuerpein:
Die Liebe hilft ihm's übertäuben;
Sie stärkt mit Engelskraft die sinkende Natur.
Bis in den Tod (ruft er) getreu zu bleiben,
Schwor ich, Amanda, dir, und halte mei-
nen Schwur!

29.

O dafs, geliebtes Weib, was morgen
Begegnen wird, auf ewig dir verborgen,
Auf ewig auch, Dir, treuer alter Freund,
Verborgen blieb'! — Wie gern erlitt' ich unbe-
    weint
Mein traurig Loos! Doch, wenn ihr es
    erfahret,
Erfahret wessen ich beschuldigt ward, und mit
Dem Schmerz um meinen Tod sich noch die
    Schande paaret
Zu hören, dafs ich nur was ich verdiente
    litt —

30.

O Gott! es ist zu viel auch diefs noch zu
    erdulden!
Es büfse immerhin für meine Sündenschulden
Der strengste Tod! Ich klage niemand an!
Diefs einz'ge nur, o Oberon, gewähre
Dem, den du liebtest, noch: beschütze meine
    Ehre,
Beschütze Rezia! — Du weifst, was ich
    gethan!

Sag' ihr, daſs ich, den heil'gen Schwur der
 Treue
Zu halten, den ich schwor, den Feuertod nicht
 scheue.

31.

So ruft er aus, und, vom Vertraun gestärkt
Daſs Oberon ihn hört, berührt ihn unver-
 merkt
Der mohnbekränzte Gott des Schlummers
Mit seinem Stab, dem Stiller alles Kummers,
Und wieget ihn, wiewohl nur harter Stein
Sein Küssen ist, in leichte Träume ein.
Hat ihm vielleicht, zum Pfand, daſs bald sein
 Leiden endet,
Der gute Schutzgeist selbst dieſs Labsal zuge-
 sendet?

32.

Noch lag die halbe Welt mit Finsterniſs
 bedeckt,
Als ihn aus seiner Ruh ein dumpfes Klirren
 weckt.
Ihn däucht er hör' im Schloſs die schweren
 Schlüssel drehen;

Die Eisenthür geht auf, des Kerkers schwarze
                Wand
Erhellt ein blasser Schein, er höret jemand
                gehen,
Und stämmt sich auf, und sieht — in schim-
                merndem Gewand,
Die Krone auf dem Haupt, die Lampe in der
                Hand,
Almansaris zu seiner Seite stehen.

33.

Sie reicht die Lilienhand ihm, reitzvoll
                lächelnd, dar,
Und — Wirst du, spricht sie, mir vergeben,
Was nur die Schuld der Noth, nicht meines
                Herzens, war?
O du Geliebter, hängt an Deinem schönen
                Leben
Mein eignes nicht? Ich komme, der Gefahr
Dich zu entziehn, (trotz deinem Wider-
                streben!)
Vom Holzstofs dich, wozu dich der Barbar
Verdammt', auf einen Thron, den du verdienst,
                zu heben!

34.

Die Liebe öffnet dir der Hoheit Sonnen-
bahn:
Auf, mache sie von deinem Ruhm erschallen!
Nimm diese Hand, die dir sich schenket, an:
In einem Wink soll dein Verfolger fallen,
Und all sein Volk, wie Staub, um deine Füſse
wallen.
Im ganzen Harem ist mir alles unterthan;
Vertraue dich der Liebe sichern Händen,
Und, was sie wagte, wird dein eigner Muth
vollenden!

35.

„Hör' auf, o Königin! Dein Antrag häufet
bloſs
Mein Leiden durch die Qual dir alles abzu-
schlagen.
O warum zwingst du mich's zu sagen?
Ich kaufe mich durch kein Verbrechen los!"
Ist's möglich? ruft sie, kann so weit der Unsinn
gehen?
Unglücklicher, im Angesicht

Der Flamme, die bereits aus deinem Holzstofs
bricht,
Kannst du Almansaris und einen Thron
verschmähen?

36.

Sag' mir, versetzt er, Königin,
Ich könne dir mit meinem Blute nützen,
So soll die Lust, womit ich eil' es zu ver-
spritzen,
Dir zeigen, ob ich unerkenntlich bin!
Ich kann, zum Danke, dir mein Herzensblut,
mein Leben,
Nur meine Ehre nicht, nicht meine Treue
geben.
Wer Ich bin weifst du nicht, vergifs nicht wer
Du bist,
Und muthe mir nichts zu, was mir unmög-
lich ist.

37.

Almansaris, aufs äufserste getrieben
Durch seinen Widerstand, sie wendet alles an,
Was seine Treu' durch alle Stufen üben

Und seinen Muth ermüden kann.
Sie reitzt, sie droht, sie fleht, sie fällt, verloren
In Lieb' und Schmerz, vor ihm auf ihre Kniee hin:
Doch unbeweglich bleibt des Helden fester Sinn,
Und rein die Treu', die er Amanden zugeschworen.

38.

So stirb denn, weil du willst! — ruft sie, des Athems schier
Vor Wuth beraubt: ich selbst, ich will an deinem Leiden
Mein gierig Aug' mit heifser Wollust weiden!
Stirb als ein Thor! des Starrsins Opferthier!
Schreyt sie mit funkelndem Aug', und flucht der ersten Stunde
Da sie ihn sah, verwünscht mit bebendem Munde
Sich selbst, und stürmt hinweg, und hinter ihr
Schliefst wieder klirrend sich des Kerkers Eisenthür.

39.

Inzwischen hatte das Gerüchte,
Das Unglücksmähren gern verbreitet und
 verziert,
Von ihrem Herrn die traurige Geschichte
Auch Scherasmin und Fatmen zugeführt.
Der schöne Hassan, hiefs es, sey im Bade
Vom Sultan mit Almansaris allein
Gefunden worden, und morgen ohne Gnade
Werd' er, im grofsen Hof, ein Raub der Flam-
 men seyn.

40.

Ob Hüon schuldlos sey, war ihnen keine
 Frage;
Sie kannten ja der Sachen wahre Lage.
Doch, hätt' er auch gefehlt, so war er mit-
 leidswerth.
In Fällen dieser Art wird echte Treu' bewährt.
Anstatt die Zeit mit Jammern zu verderben,
Beschlossen sie, das äufserste für ihn
Zu wagen, um ihn noch aus dieser Noth zu
 ziehn,
Und, schlüg' es fehl, mit ihrem Herrn zu
 sterben.

41.

Kurz eh' der Tag begann, gelingt es Fat-
   mens Muth
Und Wachsamkeit, die Hüter zu betrügen,
Und unerkannt sich bis ins Schlafgemach zu
   schmiegen,
Wo Rezia, von Hüon träumend, ruht.
Des unverhofften Wiedersehens Freude
Macht einen Augenblick sie sprachlos alle
   beide.
Das erste Wort, das Fatme sprechen kann,
Ist Hüon, ist Bericht von dem geliebten
   Mann.

42.

Was sagst du, goldne Amme? ruft Amande,
Und fällt ihr um den Hals — Mein Hüon
   mir so nah?
Wo ist er? — Ach! Prinzessin, was geschah!
(Schluchzt jene weinend) Hilf! zerreiſse seine
   Bande!
Spreng seinen Kerker auf! Dem Unglücksel'gen
   droht,
Aus Liebe bloſs zu dir, ein jämmerlicher Tod.

Und drauf erzählt sie ihr genau die ganze
Sache,
Und ihres Ritters Treu' und der Sultanin
Rache.

43.

Schon, ruft sie, steht der Holzstofs aufge-
thürmt,
Nichts rettet ihn, wenn ihn nicht Zoradine
schirmt!
Mit einem Schrey der Angst, halb sinnlos, fährt
Amande
In wilder Hast von ihrem Lager auf,
Wirft, wie sie steht, im leichten Nachtgewande,
Den Kurdé um, und eilt in vollem Lauf
Des Sultans Zimmer zu, durch alle Sklaven-
wachen,
Die sie mit Wunder sehn, und schweigend
Platz ihr machen.

44.

Sie dringt hinein, nichts achtend dafs es früh
Am Tage war, und wirft mit lilienblassen
Wangen,

Und Haaren, die zerstreut um ihre Schultern
hangen,
Sich vor dem Sultan auf die Knie':
„Almansor, laſs mich nicht vergebens
Dir knieen! Schwöre, wenn mein Leben dir
Erhaltenswürdig scheint, daſs du die Bitte mir
Gewähren willst! Es gilt die Ruhe meines
Lebens!"

45.

Begehr', o Schönste, spricht erstaunt und
froh zugleich
Der Sultan, laſs mich nicht in Ungewiſsheit
schweben!
Dir zu gefallen ist mein feurigstes Bestreben;
Begehre frey! Mein Schatz, mein Thron, mein
Reich,
Nichts ist zu viel, was ich zu geben
Vermag. Ein einzigs nur behält sich Man-
sor vor,
Dich selbst! — „Du schwörst es mir?" —
Der liebestrunkne Mohr
Beschwört's. — „So schenke mir des Gärtners
Hassan Leben!"

46.

Wie? ruft er mit bestürzter Miene,
Welch eine Bitte, Zoradine?
Was geht das Leben dich von diesem Skla-
 ven an?
„O, viel, Almansor, viel! Mein eignes hängt
 daran!"
Sprichst du im Fieber? Schwärmest du? Ver-
 zeihe,
Doch, du mifsbrauchst des unbegrenzten Rechts
Das dir die Schönheit giebt. — Am Leben eines
 Knechts
Der sein Verbrechen büfst? — „Er büfst für
 seine Treue!

47.

„Mir ist sein Herz bekannt, er hält an seiner
 Pflicht,
Ist schuldlos, ist ein Mann von unverletzter
 Ehre;
Und doch — o Mansor! — wenn er schul-
 dig wäre,
So räche sein Vergehn an Zoradinen nicht!"
Mit Augen die von kaum verhaltnem Grimme
 funkeln

Ruft Mansor: Grausame, was quält dein
            Zögern mich!
Welch ein Geheimnifs dämmert aus dem
            dunkeln
Verhafsten Räthsel auf! Was ist dir Hassan?
            Sprich!

48.

„So wifs es denn, weil mich die Noth zum
            Reden zwinget,
Ich bin sein Weib! Ein Band, das nichts zer-
            reifsen kann,
Ein Band, gewebt im Himmel selber, schlinget
Mein Glück, mein Alles fest an den geliebten
            Mann.
Uns drückt mit seiner ganzen furchtbarn
            Schwere
Des Schicksals Arm — Wer weifs, wie bald
            an dich
Die Reihe kommt! — Du siehst mich elend —
            Ehre
Mein Leiden, Glücklicher! — Du kannst es,
            rette mich!"

49.

Wie? du bist Hassans Weib, und liebst
ihn? — „Über alles!"—
Unglückliche, er ist dir ungetreu! —
„Er ungetreu? Die Ursach' seines Falles,
Ich bin's gewifs, ist einzig seine Treu'." —
Ich glaube was ich sah! — „So ward er erst
betrogen,
Und du mit ihm!" — Mit zürnendem Gesicht
Spricht Mansor: Spanne nicht den Bogen,
Zu stolz auf deinen Reitz, so lange bis er
bricht!

50.

Dein Hassan stirbt — und ich kann nichts,
als dich beklagen.
Er stirbt? schreyt Rezia — Tyrann,
Er, dem ein Wort von dir das Leben schen-
ken kann,
Er stirbt? Du hast ein Herz mir das zu
sagen?
Er hat des Harems Zucht verletzt,
Erwiedert Mansor kalt; ihm ist der Tod
gesetzt!

Doch, weil du willst, so sey des Sklaven
Leben,
Sein Leben oder Tod, in deine Hand gegeben!

51.

Gieb, Schönste, mir ein Beyspiel edler Huld,
Gieb mir die Ruh, die du mir raubtest, wieder!
Ich lege Kron' und Reich zu deinen Füſsen
nieder;
Ergieb dich mir, so sey dem Frevler seine
Schuld
Geschenkt! Er zieh', mit königlichen Gaben
Noch überhäuft, zu seinem Volk zurück!
O zögre nicht, die Güte selbst zu haben
Die du begehrst! — Ein Wort. macht mein
und sein Geschick.

52.

Unedler! ruft mit eines Engels Zürnen
Das schöne Weib, so theuer kauft der Mann,
Den Zoradine liebt, sein Leben nicht! —
Tyrann,
Kennst du mich so? — Die schlechteste der
Dirnen,

Die mich bedienten einst, verschmähte deinen
Thron
Und dich um solchen Preis! Zwar steht, uns
zu verderben,
In deiner Macht: doch, hoffe nicht davon
Gewinn zu ziehn — Barbar, auch Ich kann
sterben.

53.

Der Sultan stutzt. Ihn schreckt des edeln
Weibes Muth.
Sein feiges Herz wird mehr von ihrem Dräun
gerühret
Als da sie bat; doch, ihre Schönheit schüret
Das Feuer der Begier zugleich in seinem Blut.
Was sagt' er nicht ihr Herz mit Liebe zu
bestechen!
Wie bat er sie! wie schlangenartig wand
Er sich um ihren Fuſs! — Umsonst! Ihr
Widerstand
War nicht durch Drohungen, war nicht durch
Flehn zu brechen.

54.

Sie bleibt darauf, ihr soll der Tod will-
kommner seyn.
Der Sultan schwört mit fürchterlicher Stimme
Bey Mahoms Grab, nichts soll vor seinem
Grimme
Sie retten, geht sie nicht sogleich den Antrag ein.
„Ist's nicht mein letztes Wort, soll Alla mich
verdammen!
Hört man den Wüthenden bis in den Vor-
sahl schreyn:
Entschliefse dich, sey auf der Stelle mein,
Wo nicht, so stirb mit dem Verworfnen in den
Flammen!"

55.

Sie sieht ihn zürnend an, und schweigt. —
Entschliefse dich.
Ruft er zum zweyten Mahl. — O so befreye
mich
Von deinem Anblick, spricht die Königin der
Frauen;
Des Todes Grinsen selbst erweckt mir minder
Grauen.

Almansor ruft, und giebt, von Wuth erstickt,
Den grausamen Befehl, und Höllenfunken
 sprühen
Aus seinem Aug'. Der Schwarzen Erster bückt
Sich bis zur Erde hin, und schwört, ihn zu
 vollziehen.

56.

Schon steht der gräfsliche Altar
Zum Opfer aufgethürmt; schon drängt sich,
 Schaar an Schaar,
Das Volk herzu, das, gern in Angst gesetzet,
An Trauerspielen dieser Art
Die Augen weinend labt, und schaudernd sich
 ergetzet.
Schon stehn, zum Leiden und zum Tode noch
 gepaart,
An Einen Marterpfahl gebunden,
Die einz'gen Liebenden, die Oberon rein
 erfunden:

57.

Ein edles Paar in Eins verschmolzner Seelen,
Das treu der ersten Liebe blieb,

Entschlossen, eh' den Tod in Flammen zu
erwählen,
Als ungetreu zu seyn selbst einem Thron zu
Lieb'!
Mit nassem Blick, die Herzen in der Klemme,
Schaut alles Volk gerührt zu ihnen auf,
Und doch besorgt, dafs nicht den freyen Lauf
Des Trauerspiels vielleicht ein Zufall hemme.

58.

Den Liebenden, wie sie gebunden stehn,
Ist zwar der Trost versagt einander anzusehn;
Doch, über alles, was sie leiden
Und noch erwarten, triumfiert
Die reinste, seligste der Freuden,
Dafs ihre Lieb' es ist, was sie hierher geführt.
Der Tod, der ihre Treu' mit ew'gem Lorber
ziert,
Ist ihres Herzens Wahl; sie konnten ihn ver-
meiden.

59.

Inzwischen siehet man mit Fackeln in den
Händen
Zwölf Schwarze sich dem Opfer paarweis' nahn.

Sie stellen sich herum, bereit es zu vollenden,
So bald der Aga winkt. Er winkt. Sie zünden an.
Und stracks erdonnert's laut, die Erde scheint zu beben,
Die Flamm' erlischt, der Strick, womit das treue Paar
Gebunden stand, fällt wie versengtes Haar,
Und Hüon sieht das Horn an seinem Halse schweben.

60.

Im gleichen Augenblick, da diefs
Geschah, zeigt sich von fern in zwey verschiednen Reihen,
Von ängstlicher Bekümmernifs
Gespornt, Almansor hier, und dort Almansaris,
Er Zoradinen, Sie den Hassan zu befreyen.
Halt! hört man sie aus allen Kräften schreyen.
Auch stürzt mit blitzendem Schwert durch die erschrockne Menge
Ein schwarzer Rittersmann sich mitten ins Gedränge.

61.

Doch Hüon hat das Pfand, dafs nun sein Oberon
Versöhnt ist, kaum mit wonnevollem Schaudern
An seinem Hals erblickt, so setzt er ohne Zaudern
Es an den Mund, und lockt den schönsten Ton
Daraus hervor, der je geblasen worden.
Sein edles Herz verschmäht ein feiges Volk zu morden:
Tanzt, ruft er, tanzt, bis euch's den Athem raubt;
Diefs sey die einzige Rache, die Hüon sich erlaubt.

62.

Und wie das Horn ertönt, ergreift der Zauberschwindel
Zuerst das Volk, das um den Holzstofs steht,
Schwarzgelbes, lumpiges, halb nackendes Gesindel,

Das plötzlich sich, wie toll, im schnellsten
　　　　Wirbel dreht;
Bald mischet sich mit allen seinen Negern
Der Aga drein; ihm folgt — was Füfse hat
Bey Hof, im Harem, in der Stadt,
Vom Sultan an bis zu den Wasserträgern.

63.

Unlustig fafst der Schach — Alman-
　　　　saris beym Arm;
Sie sträubt sich; doch was hilft sein Unmuth
　　　　und ihr Sträuben?
Der Taumel reifst sie fort, sich mitten in den
　　　　Schwarm
Der Walzenden mit ihm hinein zu treiben.
In kurzem ist ganz Tunis in Allarm,
Und niemand kann auf seiner Stelle bleiben:
Selbst Podagra, und Zipperlein, und Gicht
Und Todeskampf befreyt von dieser Tanz-
　　　　wuth nicht.

64.

Indessen, ohne auf das Possenspiel zu blicken,
Hält das getreue Paar, in seligem Entzücken,

Sich sprachlos lang' umarmt. Kaum hat ihr
    Busen Raum
Für diesen Überschwang von Freuden.
Er ist nun ausgeträumt der Prüfung schwerer
    Traum!
Nichts bleibt davon als was ihr Glück ver-
    schönt:
Gebüfst ist ihre Schuld, das Schicksal ausge-
    söhnt,
Aufs neu von ihm vereint, kann nun sie nichts
    mehr scheiden!

65.

Theilnehmend inniglich, sieht, noch auf
    seinem Rofs,
Der biedre Scherasmin (Er war der
    schwarze Ritter)
Der Wonne zu, worin ihr Herz zerflofs.
Er ist's, der wie ein Ungewitter
Vorhin daher gestürmt, um das geliebte
    Paar
Zu retten aus der feigen Mohren Händen,
Und, schlüg's ihm fehl, ein Leben hier zu
    enden,
Das, ohne sie, ihm unerträglich war.

66.

Er springt herab, drängt durch den tollen Reigen
Mit **Fatme**, die ihm folgte, sich hinan,
Den Liebenden von ihrem Throne steigen
Zu helfen, und sie im Triumfe zu empfahn.
Grofs war die Freude, doch sie schwoll noch höher an,
Da sie den wohl bekannten Wagen,
Von Schwanen durch die Luft, stets niedriger, getragen,
Zu ihren Füfsen nun auf einmahl halten sahn.

67.

Sie stiegen eilends ein — Die Mohren mögen tanzen
So lang' es **Oberon** gefällt!
(Wiewohl der Alte raspeln oder schanzen
Für eine befsre Kurzweil hält.)
Der lüft'ge **Faeton** fliegt, leicht und ohne Schwanken,
Sanft wie der Schlaf, behender als Gedanken,

Mit ihnen über Land und Meer,
Und Silberwölkchen wehn, wie Fächer, um
   sie her.

68.

Schon tauchte sich auf Bergen und auf
   Hügeln
Die Dämmerung in ungewissen Duft;
Schon sahen sie den Mond in manchem See
   sich spiegeln,
Und immer stiller ward's im weiten Reich
   der Luft;
Die Schwanen liefsen itzt mit sinkendem
   Gefieder
Allmählich sich bis auf die Erde nieder:
Als plötzlich, wie aus Abendroth gewebt,
Ein schimmernder Palast vor ihren Augen
   schwebt.

69.

In einem Lustwald, mitten zwischen
Hoch aufgeschofsnen vollen Rosenbüschen,
Stand der Palast, von dessen Wunderglanz
Der stille Hain und das Gebüsche ganz

Durchschimmert schien — War's nicht an
	diesem Orte,
Spricht Hüon leis' und schaudernd — Doch,
	bevor
Er's ausspricht, öffnet schnell sich eine goldne
	Pforte,
Und zwanzig Jungfrau'n gehn aus dem Palast
	hervor.

70.

Sie kamen, schön wie der May, mit ewig
	blühenden Wangen,
Gekleidet in glänzendes Lilienweifs,
Die Erdenkinder zu empfangen
Die Oberon liebt. Sie kamen tanzend, und
	sangen
Der reinen Treue unsterblichen Preis.
Komm, sangen sie, (und goldne Zymbeln
	klangen
In ihren süfsen Gesang, zu ihrem lieblichen
	Tanz)
Komm, trautes Paar, empfang' den schönen
	Siegeskranz!

71.

Die Liebenden — sich kaum besinnend —
  in die Wonne
Der andern Welt verzückt — sie wallen,
  Hand in Hand,
Den Doppelreihen durch: als, gleich der Mor-
  gensonne
In ihrem Bräut'gamsschmuck, der **Geist** vor
  ihnen stand.
Nicht mehr ein Knabe, wie er ihnen
In lieblicher Verkleidung sonst erschienen —
Ein Jüngling, ewig schön und ewig blühend,
  stand
Der **Elfenkönig** da, den **Ring** an seiner
  Hand.

72.

Und ihm zur Seite glänzt, mit ihrer Rosen-
  krone
Geschmückt, **Titania**, in milderm Mondesglanz.
In beider Rechten schwebt ein schöner Myrtenkranz.
Empfange, sprechen sie mit liebevollem Tone,

Du treues Paar, zum edlen Siegeslohne,
Aus deiner Freunde Hand den wohl verdienten Kranz!
Nie wird von euch, so lang' ihr dieses Zeichen
Von unsrer Huld bewahrt, das Glück des Herzens weichen.

73.

Kaum dafs das letzte Wort von Oberons Lippen fiel,
So sah man aus der Luft sich eine Wolke neigen,
Und aus der Wolke Schoofs, bey goldner Harfen Spiel,
Mit Lilien vor der Brust drey Elfentöchter steigen.
Im Arm der dritten lag ein wunderschöner Knab',
Den sie, auf ihren Knie'n, Titanien übergab.
Süfs lächelnd bückt zu ihm die Königin sich nieder,
Und giebt, mit einem Kufs, ihn seiner Mutter wieder.

74.

Und, unterm Jubelgesang der Jungfrau'n,
    die in Reihn
Vor ihnen her den Weg mit Rosen über-
    streun,
Ziehn durch die weite goldne Pforte
Die Glücklichen hinein in Oberons Freu-
    denhaus.
Was sie gesehn, gehört, an diesem schönen
    Orte,
Sprach ihre Zunge nie beym Rückerin-
    nern aus.
Sie sahn nur himmelwärts, und eine Wonne-
    thräne
Im glänzenden Auge verrieth wohin ihr Herz
    sich sehne.

75.

In einen sanften Schlaf verlor sich won-
    niglich
Der sel'ge Traum. Und mit dem Tage
    fanden
Sie beide, Arm in Arm, wie neu geboren,
    sich

Auf einer Bank von Moos. Zu ihrer Seite
standen
Im leicht umschattenden Gebüsch,
Reich aufgeschmückt, vier wunderschöne
Pferde,
Und ringsum lag ein schimmerndes Gemisch
Von Waffen, Schmuck und Kleidern auf der
Erde.

76.

Herr Hüon, dem das Herz von Freude
überfloſs,
Weckt seinen Alten auf; Amande
Sucht ihren Sohn, der noch auf Fatmens
Schooſs
Sanft schlummernd lag. Sie sehn sich um.
Wie groſs
Ist ihr Erstaunen! — Herr, in welchem
Lande
Glaubt ihr zu seyn? ruft Scherasmin ent-
zückt
Dem Ritter zu — Kommt, seht von diesem
Stande
Nach Westen hin, und sagt, was ihr erblickt!

77.

Der Ritter schaut hinaus, und traut
Dem Anblick kaum. — Er, der so viel
 erfahren,
Und dessen Augen so gewöhnt an Wunder
 waren,
Glaubt kaum was er mit offnen Augen
 schaut.
Es ist die Sein', an deren Bord sie stehen!
Es ist Paris, was sie verbreitet vor sich
 sehen!
Er reibt sich Aug' und Stirn, schaut immer
 wieder hin,
Und ruft: Ist's möglich, dafs ich schon am
 Ziele bin?

78.

Nicht lange schaut er hin, vor Freude ganz
 betroffen,
So stellt sich ihm ein neues Schauspiel dar.
Ihm däucht, dafs alles um die Burg in Auf-
 ruhr war.
Man hört Trommetenschall, und eine Ritter-
 schaar

Trabt dem Turnierplatz zu, die Schranken
stehen offen.
Mein Glück, ruft Hüon, läfst mein Hoffen
Stets hinter sich. Geh, Freund! wofern nicht
alles mich
Betrügt, giebt's ein Turnier; geh, und
erkund'ge dich.

79.

Der Alte geht. Inzwischen wird Amande
Von Fatmen angekleid't. Denn, was sie
haben mufs,
Sich, mit dem Glanz, der ihrem hohen
Stande
Und ihrer Schönheit ziemt, in diesem frem-
den Lande
Zu zeigen, fanden sie im reichsten Überflufs
Gehäuft zu ihren Füfsen liegen.
Herr Hüon läfst indefs, mit manchem Vater-
kufs,
Den kleinen Hüonnet auf seinem Knie sich
wiegen,

80.

Und sieht, mit inniglicher Lust,
Das schöne Weib, durch alles fremde Zieren

Und Schimmern nichts gewinnen noch ver-
 lieren.
Ob eine Rose ihre Brust
Umschattet, ob ein Straufs von blitzenden
 Juwelen
In Glanz sie hüllt — stets durch sich selber
 schön
Und liebeathmend, scheint durch Den
Ihr nichts geliehn, bey Jener nichts zu
 fehlen.

81.

Der Alte kommt itzt mit der Nachricht an,
Drey Tage sey bereits der Schranken aufge-
 than.
Karl, (spricht er) immer noch durch seinen
 Groll getrieben,
Hat ein Turnier im Reiche ausgeschrieben:
Und rathet, welchen Dank der Sieger heut
 erhält!
Nichts kleiners, Herr, als — Hüons Land
 und Lehen!
Denn, euch aus Babylon mit Ruhm gekrönt
 zu sehen,
Ist was dem Kaiser nicht im Schlaf zu Sinne
 fällt.

82.

Auf, waffne mich, ruft Hüon voller
Freuden;
Willkommner konnte mir kein' andre Bot-
schaft seyn.
Was die Geburt mir gab, sey nun durch
Tugend mein!
Verdien' ich's nicht, so mag's der Kaiser dem
bescheiden
Der's würdig ist! — Er sagt's, und siehet
Rezia
Ihm lächelnd stillen Beyfall nicken.
Ihr Busen klopft ihm Sieg! — In wenig
Augenblicken
Steht glänzend schon ihr Held in voller Rüs-
tung da.

83.

Sie schwingen sich zu Pferd, die Ritter und
die Frauen,
Und ziehen nach der Stadt! und allenthalben
schauen,
Von ihrer Pracht entzückt, die Leute nach,
und wer

Die Gassen müfsig tritt, läuft hinter ihnen her.
Bald langt mit Rezia Herr Hüon vor den
    Planken
Der Stechbahn an. Er läfst, nachdem er sich
    bey ihr
Beurlaubt, Scherasmin zu ihrem Schützer
    hier,
Zieht sein Visier herab, und reitet in die
    Schranken.

84.

Ein lautes Lob verfolgt von beiden Seiten ihn,
Ihn, der an Anstand und an Stärke
Den besten, die der ritterlichen Werke
Bisher gepflegt, weit überlegen schien.
Schel sehend stand am Ziel, auf seinem stol-
    zen Rofs,
Der Ritter, der in diesen dreyen Tagen
Des Rennens Preis davon getragen,
Und mit den Fürsten sah der Kaiser aus dem
    Schlofs.

85.

Herr Hüon neigt, nach ritterlicher Weise,
Sich vor dem Kaiser tief, dann vor den
    Damen und

Den Richtern — tummelt drauf im Kreise
Den muth'gen Hengst herum, und macht dem
Sieger kund,
Daſs er gekommen sey, den Dank ihm abzu-
jagen.
Er sollte zwar erst Stand und Nahmen sagen;
Allein sein Schwur, daſs er ein Franke sey,
Und seines Aufzugs Pracht, macht vom Gesetz
ihn frey.

36.

Er wiegt und wählt aus einem Haufen
Speere
Sich den, der ihm die meiste Schwere
Zu haben scheint, schwingt ihn mit leichter
Hand,
Und stellt, voll Zuversicht, sich nun an sei-
nen Stand.
Wie klopft Amandens Herz! wie feurige
Gebete .
Schickt sie zu Oberon und allen Engeln ab,
Als itzt die schmetternde Trompete
Den Ungeduldigen zum Rennen Urlaub
gab!

87.

Dem Ritter, der bisher die Nebenbuhler alle
Die Erde küssen hiefs, schwillt mächtiglich die Galle,
Dafs er gezwungen wird, auf diese neue Schanz
Sein Glück und seinen Ruhm zu setzen.
Er war ein Sohn des Doolin von Maganz,
Und ihm war Lanzenspiel kaum mehr wie Hasenhetzen.
Er stürmet, wie ein Strahl aus schwarzer Wolken Schoofs,
In voller Wuth auf seinen Gegner los.

88.

Doch, ohne nur in seinem Sitz zu schwanken,
Trifft Hüon ihn so kräftig vor die Brust,
Und wirft mit solcher Macht ihn seitwärts an die Planken
Dafs alle Rippen ihm von seinem Fall erkranken.
Zum Kampf vergeht ihm alle weit're Lust;
Vier Knappen tragen ihn ohnmächtig aus den Schranken.

Ein jubelnd Siegsgeschrey prallt an die Wol-
  ken an,
Und Hüon steht allein als Sieger auf dem
  Plan.

89.

Er bleibt am Ziel noch eine Weile stehen,
Ob jemand um den Dank noch kämpfen will,
  zu sehen;
Und da sich niemand zeigt, eilt er mit schnel-
  lem Trab
Amanden zu, die, hoch auf ihrem schönen
  Rosse,
Wie eine Göttin glänzt, und führt sie nach
  dem Schlosse.
Sie langen an. Er hebt gar höflich sie herab,
Und führt sie, unterm Vivatrufen
Des Volks, hinauf, die hohen Marmorstufen.

90.

Wie eine Silberwolk' umwebt
Amandens Angesicht ein undurchsicht'ger
  Schleier,
Durch den sich jedes Aug' umsonst zu bohren
  strebt.

Voll Ungeduld, wie sich diefs Abenteuer
Entwickeln werde, strömt die Menge ohne
 Zahl
Dem edeln Paare nach. Itzt öffnet sich ein
 Sahl;
Hoch sitzt auf seinem Thron, von seinem
 Fürstenrathe
Umringt, der alte Karl in kaiserlichem Staate.

91.

Herr Hüon nimmt den Helm von seinem
 Haupt,
Und tritt hinein, in seinen schönen Locken
Dem Gott des Tages gleich. Und alle sehn
 erschrocken
Den Schnell-erkannten an. Der alte Kaiser
 glaubt
Des Ritters Geist zu sehn. Und Hüon, mit
 Amanden
An seiner Hand, naht ehrerbietig sich
Dem Thron, und spricht: Mein Lehnsherr!
 siehe mich,
Gehorsam meiner Pflicht, zurück in deinen
 Landen!

92.

Denn, was du zum Beding gemacht
Von meiner Wiederkehr, mit Gott hab' ich's vollbracht!
In diesem Kästchen sieh des Sultans Bart und Zähne,
An die, o Herr, nach deinem Wort, ich Leib
Und Leben aufgesetzt — und sieh in dieser Schöne
Die Erbin seines Throns, und mein geliebtes Weib!
Mit diesem Worte fällt von Reziens Angesichte
Der Schleier ab, und füllt den Sahl mit neuem Lichte.

93.

Ein Engel scheint, in seinem Himmelsglanz,
(Gemildert nur, damit sie nicht vergehen)
Vor den Erstaunten da zu stehen:
So groſs, und doch zugleich so lieblich anzusehen,
Glänzt Rezia in ihrem Myrtenkranz

Und silbernen Gewand. Die Königin der Feen
Schmiegt, ungesehen, sich an ihre Freundin an,
Und alle Herzen sind ihr plötzlich unterthan.

94.

Der Kaiser steigt vom Thron, heifst freundlich sie willkommen
An seinem Hof. Die Fürsten drängen sich
Um Hüon her, umarmen brüderlich
Den edeln jungen Mann, der glorreich heim gekommen
Von einem solchen Zug. Es stirbt der alte Groll
In Karls des Grofsen Brust. Er schüttelt liebevoll
Des Helden Hand, und spricht: Nie fehl' es unserm Reiche
An einem Fürstensohn, der Dir an Tugend gleiche!

Varianten.

In der ersten Ausgabe fängt hier der vierzehnte Gesang an.

Stanze 11. V. 4.

Die er, mit jedem Tag, dem u. s. w.

St. 29. V. 4.

(c) Verborgen blieb'! — o litt' ich unbeweint

St. 31. V 3.

Der mohnbekränzte Geist des Schlummers

St. 36. V. 6.

(*a*) Nur meine Ehre nicht, nur meine Treu
nicht geben.

St. 39. V. 5 — 8.

(*c*) Der schöne Hassan, hiefs es, ward im Bade
Vom Sultan mit Almansaris allein
Gefunden, und wird morgen, ohne Gnade,
Im grofsen Hof, ein Raub der Flammen seyn.

St. 44. V. 5 — 8.

(*a*) Almansor, spricht sie, wenn mein Leben dir
Erhaltungswürdig scheint, so lafs mich nicht vergebens
Dir knieen — Schwöre, dafs du was ich bitte mir
Gewähren willst! — — —

St. 45. V. 5.

(*a*) Nichts ist zu viel, was du verlangst und ich zu geben

St. 46. V. 1.

(*a*) Wie? ruft der Sultan, mit bestürzter
Miene,

St. 50. V. 3 — 6.

(*a*) Hast du ein Herz mir das zu sagen?
Er, dem ein Wort von dir das Leben retten
kann,
Er stirbt? — So ist es! wer des Harems
Zucht verletzt,
Erwiedert Mansor kalt, dem ist der Tod
gesetzt.

St. 60.

Im gleichen Augenblick, da dieſs
Geschah, zeigt sich von fern, mit lautem
Schreyen,
Almansor hier, und dort Almansaris.
Sie eilen hastig an, in zwey verschiednen
Reihen,
Er Zoradinen, Sie den Hassan zu befreyen;

Und beiden folgt ein Trupp, bewehrt mit
Dolch und Spiefs.
Auch stürzt mit blofsem Schwert durch die
erschrockne Menge
Ein schwarzer Rittersmann u. s. w.

St. 61. V. 4.

(a) — — — und lockt den lieblichsten
Ton

V. 7, 8.

Tanzt, ruft er, tanzt, bis euch der Tanz den
Athem raubt!
Diefs soll die Rache seyn, die Hüon sich
erlaubt.

St. 67. V. 6.

— — — und schneller als Gedanken,

St. 68. V. 6.

(c) Allmählich sich zur Erde nieder:

St. 71. V. 5.

(a) Nicht mehr ein schöner Zwerg, ein Knäblein, wie er ihnen

St. 72. V. 8.

(a.b) Von unsrer Liebe bewahrt, u. s. w.

St. 74. V. 6 — 8.

Sprach ihre Zunge niemahls aus;
Sie sahn nur himmelwärts, und Freudenthränen brachen
Aus ihren Augen aus, so oft sie davon sprachen.

St. 75. V. 4 — 7.

— — — Zu ihrer Seite standen,
Reich aufgeschmückt, vier wunderschöne Pferde,
Und ringsum lag, bey Haufen, im Gebüsch
Ein prächtig schimmerndes Gemisch

St. 77. V. 4.

(a) Glaubt kaum was er mit Augen schaut.

St. 94. V. 6.

(a) In Karlmanns Brust. — —

GLOSSARIUM

über die im Oberon vorkommenden veralteten oder fremden, auch neu gewagten Wörter, Wortformen und Redensarten.

A cqs, II. 13. *Acqus*, (*Aquae Augustae*) eine kleine, vor Alters beträchtliche, bischöfliche Stadt in den *Landes* von *Gascogne*,. die ihren Nahmen von einer mitten in der Stadt befindlichen heifsen Quelle hat. Aus den Worten Scherasmins sollte man schliefsen, dafs *Acqus* damahls im Besitz eines so genannten Gnadenbildes der heiligen Jungfrau gewesen sey. Poetisch zu reden, mufste er das, als in diesen Gegenden einheimisch, am besten wissen, und in so fern kann uns auch, ohne andere historische Beweise, an seinem Zeugnifs genügen.

Allzuhauf, V. 38. Nach der Analogie von allzugleich, allzumahl, u. a. aus All und zu Hauf (welches letztere in den Redensarten zu Haufe bringen, treiben, kommen, noch nicht völlig aus der Übung gekommen ist) in Form eines Nebenwortes zusammen gesetzt. Da der Dichter sich keiner Stelle im Heldenbuch, Theuerdank, und dergleichen erinnert, auf die er sich zu Rechtfertigung dieses ungewöhnlichen Wortes berufen könnte, so mufs er es darauf ankommen lassen, ob es als ein neu gewagtes geduldet oder verworfen werden wird.

Alquif, I. 22. Ein weiser Meister und grofser Zauberer im *Amadis de Gaule.*

Angehen, VI. 22. So viel als **unternehmen, beginnen;** eine sehr alte Bedeutung dieses Wortes, deren Gebrauch durch Hagedorns Beyspiel (in der Fabel vom Löwen, der mit seinem Bilde im Brunnen fechten will) hinlänglich gerechtfertigt ist:

> Und fordert ihn heraus den Zweykampf anzugehen.
>
> Poetische Werke, II. 8. 239.
> nach der Hamb. Ausgabe von 1769.

Babylon, wird in diesem Gedichte mehrmahls (wiewohl unrichtig) als gleichbedeutend mit **Bagdad** gebraucht, welches letztere unter den **Abassischen** Kalifen der Sitz dieser mächtigen Fürsten war. Die alten **Romanciers** übten eine so willkührliche Gewalt über die Geografie als über Kronologie und Geschichte aus; und unser Dichter hielt es für schicklich, sich ihnen auch in diesem Stücke gleich zu stellen. Übrigens ist nicht zu läugnen, dafs das Babylon im Roman von *Huon de Bordeaux,* dessen so genannte **Admirale** (*Miramolins*) in den Romanen von *Charlemagne* und seinen *Pairs* eine grofse Rolle spielen, nicht in Mesopotamien, sondern angeblich in Ägypten gelegen haben soll.

Bangen, nach etwas bangen, VI. 27. statt, mit bänglicher Ungeduld nach etwas verlangen, ein neu gewagtes Wort, welches sich selbst durch die Welt helfen mag, wenn es kann. Ob es nicht in alten Zeiten schon üblich gewesen, davon finden wir zwar keine Spur; aber wie wenig sind auch die noch vorhandenen Überbleibsel aus den Zeiten der Minnesänger theils gekannt, theils benutzt!

Bar, „schön wie ein barer Engel," IV. 47. Ein veraltetes Wort, welches ehemahls unter andern die Bedeutung von offenbar, augenscheinlich (*manifestus, luculentus*) hatte, und, in so fern dieser Begriff damit verbunden wird, in die Sprache der Dichter, (in welcher die Beywörter gröfsten Theils als Farben zu betrachten sind) wenigstens in die Sprache des komischen, scherzhaften und launigen Styls, aufgenommen zu werden verdient. Man hat es defswegen einer Person in den Mund gelegt, der es anständig ist, sich in einer, wo nicht niedrigen, doch weniger edeln Sprechart auszudrücken, als der Held des Stücks, oder der Dichter, wenn er selbst erzählt.

Betefahrt, II. 32. In der katholischen Kirche eine Procession mit Kreuz und Fahnen, wobey gebetet wird. Besonders wurde vor Alters der in der so genannten Kreuzwoche (*Hebdomas Rogationum*) übliche feierliche Umgang, wobey die Felder und Früchte eingesegnet werden, so genannt. Auch kommt dieses Wort in der allgemeinen Bedeutung von Wallfahrt vor. Es scheint Niedersächsischen Ursprungs zu seyn.

Betitelt, mit einem rechtsgültigen Grunde (*titulo juris*) zum Anspruch an etwas versehen, X. 53. „zu einem Gärtnerschurz betitelt," statt **berechtigt,** ist in dieser Bedeutung neu gestempelt.

Dank, kommt mehrmahls in der Bedeutung vor, die dieſs Wort in der alten Turniersprache hatte, worin es den Preis bezeichnete, welchen der Ritter gewann, der alle andern aus dem Sattel gehoben hatte.

Dienstmann, V. 56. in der weitesten Bedeutung, ein Lehensmann oder Vasall.

Domina, II. 34. wird die Vorsteherin der Frauenklöster in einigen religiösen Orden genannt.

Durstiglich, VI. 32. nach einer veralteten Oberdeutschen Form von Nebenwörtern, welche in **inniglich, ewiglich, wonniglich** u. a. wenigstens in der Dichtersprache sich noch erhalten hat. Luther gebraucht das Wort **dürstiglich** in seiner Übersetzung der Bibel mehrmahls, um den höchsten Grad einer leidenschaftlichen Begierde auszudrücken; als 1 Mos. 34, 25. „die Brüder der Dina gingen in die Stadt Sichems **dürstiglich** und erwürgten alles was männlich war," und — Sprichw. Salom. 14, 5. „ein falscher Zeuge redet **dürstiglich** Lügen." In diesem Sinne wird es hier gebraucht.

Eitel, I. 30. in der veralteten Bedeutung: „in eitel Lust und Pracht," statt, in lauter Lust —

Elfen, II. 22. und a. o. Alfen, Elfen oder Elven sind eine Art von Genien, in der Mythologie der Nordischen Völker, in welcher sie (wie Adelung unter dem Wort Alp schon bemerkt) ungefähr die Stelle der Nymfen und Waldgötter der Griechen vertreten. Auch die *Fairies*, an welche das Brittische Landvolk noch itzt hier und da glaubt, gehören in diese Rubrik. In *Chaucers Merchants - Tale* ist Oberon König der *Fairies*. Unser Dichter hat diese Elfen zu einer Art von edeln, mächtigen und den Menschen gewogenen Sylfen erhoben, und Oberon, ihr König, spielt in diesem Gedicht eine so wichtige Rolle, dafs es daher den Nahmen von ihm erhalten hat.

Fahr, II. 16. Das veraltete Wort, an dessen Stelle Gefahr gewöhnlich ist. Daher Führde, fährlich, Fährlichkeit, wovon ebenfalls in der Dichtersprache (nur *pudenter*, wie Horaz sagt) Gebrauch zu machen wäre.

Fahren, für reisen, ausziehen, wallfahrten, I. 26. „Als wir zum heil'gen Grab zu fahren uns verbanden." In noch weiterer Bedeutung hiefs fahren herum irren, im Lande herum ziehen; daher fahrende Ritter, (*Chevaliers errans*) fahrende Schüler, Landfahrer u. d. Fahrt, III. 55. ist also so viel als Zug, Ritt, oder das Französische Wort *Traite*.

Fant, IV. 47. „Ein fremder junger Fant." — Dieses Wort wird hier für Jüngling gebraucht, und ist in so fern mit dem alten Worte **Knapp** (wovon **Schildknapp, Bergknapp**) gleichbedeutend. In Niedersachsen, wo es so viel als **Knecht** ist, wird es **Fent** ausgesprochen; im Isländischen lautet es **Fant**. Das Italiänische *Fante* ist damit vielleicht einerley Ursprungs. Auch die Bauern (*Pions*) im Schachspiele werden in einigen Gegenden **Fant** oder **Fänt** genannt.

Gaden, IV. 15. Ein uraltes Wort, dessen Gebrauch in Ober- und Niederdeutschland, und vornehmlich in der Schweiz, hier und da noch in verschiedenen aus einem gemeinsamen Begriff entspringenden Bedeutungen sich erhalten hat. In den Nahmen der gefürsteten Propstey **Berchtoldsgaden** und des Oberbayerischen Prämonstratenser-Stifts **Steingaden** ist **Gaden** eben das, was **hausen, heim, zell** in den Nahmen einer Menge von Klöstern in Österreich, Bayern und Schwaben. In der Bedeutung von **Laden, Kammer, Scheune, Stall** sagte man ehemahls **Würzgaden, Gadendiener, Speisegaden**, und sagt noch itzt in der Schweiz **Milchgaden**, (Milchkeller) **Käsegaden, Viehgaden, Heugaden**. Für **Stockwerk** eines Hauses kommt es im **Schwaben-** und **Sachsenspiegel** u. b. a. und für **Zimmer** oder **Gemach** im Heldenbuche vor:

Da schloſs die Küniginne
Drey Riegel vor das Gaden.

Eva war ein Gaden (Wohnsitz) aller weiblichen Tugend, sagte der zu seiner Zeit berühmte Prediger Joh. Matthesius noch im sechzehnten Jahrhundert. Man sollte dieses Wort (welches schon beym Ottfried und Willeram in der Form *Gadum* und *Gegadame* vorkommt) um so mehr zu erhalten suchen, da es ohne Zweifel eines von denen ist, die uns aus der ältesten Sprache, der gemeinschaftlichen Stamm-Mutter der Hebräischen, Fönizischen, Persischen und Celtischen, übrig geblieben sind. Denn es ist im Hebräischen *gadar*, einzäunen, im Punischen *Gadir*, Einzäunung, in *Gades*, dem alten Nahmen der Stadt Cadiz, und in dem Nahmen der Persischen Stadt Menosgada und der Burg Pasergada oder Persagadum, in der Gegend wo Cyrus den berühmten Sieg über den Astyages erhielt, unverkennbar. In unserm Gedichte scheint es hier, zumahl im Munde Scherasmins, an seinem rechten Orte zu stehen, und eine kleine Ladenstube oder Kammer eines schlechten Häuschens in einer Winkelgasse zu bezeichnen.

Glorie, XII. 16. „Wie eine Glorie." — Wenigstens in dieser zu unsrer Mahlerkunstsprache gehörigen Bedeutung, in welcher es das Bild des sich öffnenden Empyreums und der Erscheinung himmlischer Wesen, Engel, und Heiligen, in der Fantasie erregt, sollte, dünkt uns, dieses zwar fremde, aber schon in Kaisersbergers Postille und einigen unsrer ältesten Kirchenlieder vorkommende, und also längst verbürgerte Wort beybehalten werden. Aber auch blofs als poetische Farbe ist es der Dichtersprache, um den höchsten Grad von Ruhm, Herrlichkeit und Majestät auszudrücken, (wie so manche andre Wörter, deren man uns ohne Noth oder Nutzen berauben will) unentbehrlich.

Grofsheit, III. 40. Grofsheit verhält sich zu Gröfse, wie Hoheit zu Höhe, nur dafs es in dieser Bedeutung im Hochdeutschen noch nicht üblich ist. Der Dichter versteht unter Grofsheit das, was beym ersten Anblick eine grofse, über gewöhnliche Menschen weit empor ragende Person ankündigt. Gröfse, ohne irgend eine hinzu gesetzte nähere Bestimmung, erweckt nur den Begriff körperlicher Quantität: Grofsheit erregt ein mit Ehrfurcht verbundenes dunkles Gefühl der Würde und Vortrefflichkeit einer Person. Majestät ist nur ein höherer Grad von Grofsheit, und beide können auch ohne eine über das gemeine Mafs hinaus gehende körperliche Gröfse (*Proceritüt*) Statt finden, wiewohl diese unstreitig ein beträchtliches dazu beyträgt, das Gefühl und Vorurtheil von Grofsheit und Majestät zu erregen.

Gulistan, IX. 5. Ein Persisches Wort, welches Blumen- oder Rosengarten bedeutet, bekannt aus einem unter diesem Nahmen in die vornehmsten Europäischen Sprachen übersetzten Gedichte des berühmten Persischen Dichters Sahdi, oder Scheik Mosleheddin Saadi von Schiras, der um das Jahr Christi 1193 geboren wurde, und bis 1313 unsrer Zeitrechnung gelebt haben soll. — Der Gebrauch dieses Wortes an dieser Stelle bedarf wohl keiner Rechtfertigung.

Hämmling, V. 47. Ungefähr eben diese Art von Sklaven Kombabischen Geschlechts, V. 33. welche in der 48sten Stanze höflicher Kämmerlinge heifsen. Das Wort Hämmling ist nach Wachtern sehr alt, und scheint nicht von Hammel, sondern von dem alten Wort hämeln, stümmeln, verschneiden, abgeleitet zu seyn. In dem Sinne, worin es hier gebraucht wird, kommt es in einer von Adelung unter dem Worte Hammel angeführten alten Übersetzung des Terenzischen *Eunuchus* vor, die im Jahre 1486 zu Augsburg gedruckt wurde. In einer hundert Jahre spätern Übersetzung eben dieser Komödie, durch M. Josua Loner, Pfarrherrn und Superintendenten zu Arnstadt, wird *Eunuchus* durch Frauenhut gegeben. „Wenn man (sagt der Übersetzer) das deutsch wollt geben gut, Möcht mans nennen den Frauenhut." (Hut wird hier, wie man sieht, in einer veralteten Bedeutung für Hüter genommen.) Der Erfinder dieses komischen Wortes ist aber nicht besagter Loner, sondern D. Luther, wie aus folgender von Wachtern angezognen Stelle aus seiner berüchtigten Schrift Wider Hans-Worst, Wittenberg 1541, zu ersehen ist: „Er were besser ein Frauenhut, der nichts thun sollte, denn wie ein *Eunuchus*, d. i. ein Frauenhut, stehen in einer Narrenkappe mit einem Fliegenwedel, [1]) und der Frauen hüten, und des davon sie Frauen heißen, (wie es die groben Deutschen nennen.)"

Han, IV. 36. Eben das, was Karavan- oder Kirwan-Serai; grofse öffentliche Gebäude in den Muhamedanichen Ländern, wo Reisende, jedoch ohne Verpflegung, beherbergt werden.

Heiden, II. 5. wird hier, nach der Weise der alten Ritterbücher, von allen Nicht-Christen, also auch von Sarazenen oder Muhamedanern, gebraucht.

Hesperien, I. 3. Italien, welches die ältesten Griechen, weil es ihnen gegen Abend lag, *Hesperia*, das Abendland, nannten.

Idschoglan, X. 49. Nahme einer Art von Pagen des Türkischen Hofes, die im dritten Hofe des Serai neben dem Divan wohnen, und in vier Oda's oder Klassen abgetheilt sind, von welchen die vierte unmittelbar zur Bedienung der Person des Sultans bestimmt ist. Vermöge einer den Dichtern immer zuge-

---

[1]) Eine Anspielung auf den Pseudo-Frauenhut Chärea im Terenz, dem eine Magd, in der Meinung dafs er der Verschnittene sey, welchen ihre Dame zum Geschenk erhalten hatte, die junge Pamfila zu hüten gab, mit dem Auftrag, ihr, während sie nach dem Bade der Ruhe pflegte, Luft zuzufächeln.

standenen Freyheit wird hier vorausgesetzt, daſs ungefähr dieselbe Einrichtung auch am Hofe des Königs von Tunis Statt gefunden habe.

Ie und ie, III. 57. Die alte und noch immer übliche Oberdeutsche Form der Partikel je ist ie, welches beynahe wie i ausgesprochen wird. So kommt sie bey den Minnesängern immer vor, und die Richtigkeit dieser Form und Aussprache wird auch durch das offenbar aus den alten Verneinungswörtchen ni und ie zusammen gesetzte nie bestätiget. Weil man einem Deutschen Dichter das Reimen nicht ohne Noth erschweren sollte, indem unsre Sprache ohnehin arm genug an Reimen ist, so halten wir für billig, daſs man reimenden Dichtern erlaube, sich der Wörter je, jeder, und jetzt sowohl in dieser neuern, als in der Altdeutschen Form, ie, ieder, und itzt, nach Gefallen zu bedienen. Ohne diese Freyheit hätte hier eine der besten Stanzen des ganzen Oberons entweder gänzlich kassiert, oder ins schlechtere verändert werden müssen.

Jungfernzwinger, II. 32. Ein (vermuthlich) von unserm Dichter gestempeltes Wort für Jungfernkloster. Daſs sich dazu keine andre Analogie fand als das Jägerwort Hundezwinger, wird ihm hoffentlich zu keinem Vorwurf gereichen.

Klosterbühl, II. 33. Bühel, Bühl, (in den härtesten Mundarten Büchel) ist ein gutes altes

Wort für Hügel. Die Reichsstadt Dinkelsbühl hat ihren Nahmen von Dinkel (einer Getreideart, die vermuthlich in ihrer Gegend vorzüglich geräth) und von einem dreyfachen Bühl, d. i. Hügel, worauf sie erbaut ist.

Knappen, III. 2. so viel als Schildknappen, Waffenträger, *Knapo* im mittlern Latein. Es war vor Alters mit Knecht oder Edelknecht (Englisch *Knight*) einerley, und wurde auch von einem jungen Edelmann gebraucht, welcher einem ältern Ritter, entweder als Lehrjunge, um die Ritterschaft zu erlernen, oder als Geselle, um sie unter Anleitung und Aufsicht eines Meisters auszuüben, Dienste that. Nach und nach verlor es, wie Knecht und Schalk, seine vormahlige Bedeutung und Würde, und ist dermahlen nur noch in den Benennungen Tuchknappe, Mühlknappe, Bergknappe, üblich.

Kobold, II. 11. Eine Art von Mittelgeistern, *Gobelinus* im Latein des Mittelalters, von welchen man glaubte, daſs sie den Menschen eher hold als zu schaden geneigt seyen, wiewohl dieſs so ziemlich von ihrer Laune und andern Umständen abhing. Der Kobold der Bergleute, oder das Bergmännchen, scheint mit Gabalis Gnomen, oder Elementargeistern von der vierten Klasse, einerley zu seyn.

Kurdé, XII. 43. Ein weites Oberkleid der Türkischen Damen. S. *Letters of Lady M. Worthley Montague*, L. XXIX.

Langon, II. 46. Eine kleine Stadt an der Garonne, berühmt durch ihren Wein, der für den besten unter den weifsen Bourdeaux-Weinen, *Vins de Grave* genannt, gehalten wird. *Melanges tirés d'une grande Bibliotheque*, Vol. 36. p. 94.

Laudan, X. 43. *Laudanum*, eine aus Opium zubereitete Arzney von der Erfindung des berühmten Paracelsus, steht hier für jedes andere Kordial.

Magd, III. 10. Magd, Maget, Magad, Maid, Meyd, sind verschiedene Formen eines Wortes, welches in seiner ältesten Bedeutung eine ungeschwächte junge Frauensperson, eine Jungfrau im eigentlichen Verstande, bedeutete. „Es heifst im Deutschen Magd (sagt D. Luther) ein solch Weibsbild, das noch jung ist, und mit Ehren den Kranz trägt und in Haaren geht." In diesem Sinne wird Maria in einem alten Kirchenliede die reine Magd genannt. Im Heldenbuch, Theuerdank, u. a. heifsen junge Damen vom ersten Rang edle Meyd oder Magd, ohne dafs eben auf die fysische Bedingung der Jungfräulichkeit Rücksicht genommen wird. Magdthum bezeichnet daher im alten Deutschen sowohl den jungfräulichen oder ledigen Stand, als was man jetzt in engerer Bedeutung Jungferschaft nennt.

Mahneh, XI. 33. auch Salam genannt, ist eine unter den Türken und Maurischen Sarazenen gewöhnliche Art von geheimen Liebesbriefen, wobey Blumen, Spezereyen und tausend andere Dinge, als symbolische Zeichen, die eine gewisse abgeredete Bedeutung haben, statt der Worte gebraucht werden. In Plants Türkischem Staatslexikon ist ein Beyspiel davon gegeben, wo eine Weinbeere, ein Strohhalm, eine Jonquille, ein seidener Faden, Papierschnitzel, ein Schwefelhölzchen, eine Pistazie, eine verwelkte Tulpe und ein Stückchen Goldfaden, in einem Beutel der Geliebten überschickt, ihr ungefähr so viel sagen, als: „Holdes Mädchen, erlaube daſs ich dein Sklave sey und laſs dir meine Liebe gefallen. Ich brenne vor Sehnsucht nach dir, und diese Flamme verzehrt mein Herz. — Meine Sinne verwirren sich. Ach möchten wir doch zusammen auf Einem Bette ruhen! Ich sterbe, wenn du mir nicht bald zu Hülfe kommst." — Eine ähnliche Probe theilt Lady *Worthley Montague* im vierzigsten der oben angezogenen Briefe ihrer Korrespondentin mit. Ihrem Berichte nach ist mit jedem symbolischen Zeichen dieser geheimen Sprache ein gewisser Vers aus einem Dichter kombiniert; und sie sagt, sie glaube, es sey eine Million Verse zu diesem Gebrauch bestimmt; — was, wenn wir auch neun Zehntheile von der Million fahren lassen, diese Sprache zu einer der schwersten in der Welt machen würde.

Mahom, II. 5. und öfters. Eine in den alten Französischen Rittergedichten, *Fabliaux*, u. d. ziemlich allgemeine komische Abkürzung des Nahmens

Mahomed, wenn von dem grofsen Profeten der Sarazenen die Rede ist.

Manichäer, II. 23. war in Hüons Zeiten ein eben so gemeiner als verhafster Ketzernahme, wobey man sich das abscheulichste dachte, ohne sich darum zu bekümmern, was die wirklichen Anhänger des Manes ehemahls gelehrt hatten oder nicht. Der Kaplan konnte also dem tief studierten Manne, der sich so positiv gegen die Geister erklärte, keinen schlimmern Streich spielen, als ihm einen Nahmen anzuhängen, den jener nicht auf sich sitzen lassen durfte, wenn er den anwesenden Laien nicht ein Gräuel werden wollte. Daher vermuthlich der Fechterkniff, im Fortgang des Streits sich hinter so viel Latein zurück zu ziehen, dafs die Zuhörer, und vielleicht auch der orthodoxe Kaplan selbst, ihm nichts weiter anhaben konnten.

Märtrerberg, IX. 6. *Montmartre* bey Paris, so genannt, weil nach ehemahligem gemeinem Glauben der heilige Dionysius Areopagita mit seinen Gefährten S. Rustikus und S. Eleutherus den Martertod auf diesem Berg erlitten haben soll.

Herzog Nayms, I. 52. Die alten Ritterbücher von *Charlemagne* und den Helden seiner Zeit sprechen viel von einem Herzog Naymes von Bayern, als dem weisesten Mann an Karls Hofe, für dessen Rath dieser Kaiser immer besondere Achtung getragen habe. Bekannter Mafsen kennt die Geschichte

dieser Zeit keinen andern Herzog in Bayern als den
unruhigen Tassilo. Ich habe dem seltsamen Nahmen
Naymes überall nachgespürt, und nichts gefunden,
als dafs in dem Zedlerischen Universal-Lexikon
ein Nainus oder Nämus als ein General der
Bayern unter Karl dem Grofsen aufgeführt wird,
ohne die Quelle, woraus diese Angabe geschöpft ist,
anzuzeigen.

Obsiegen, III. 20. (einem) auch ansiegen,
eine Altdeutsche Form, für einen besiegen, bezwingen.

Ok, die Sprache von Ok, I. 12. Die so
genannte Romanische (*romana rustica*) Sprache,
die nach der Zerstörung der Römischen Herrschaft
in Gallien vom Volke gesprochen wurde, theilte sich
in zwey sehr ungleichartige Mundarten, in deren
einer das dermahlige Französische Bejahungswörtchen
oui, oil, in der andern hingegen *ok* ausgesprochen
wurde. Diese letztere, die in dem mittäglichen Frankreich herrschte, hiefs daher *la langue d'oc*, und
wurde späterhin die provenzalische genannt. S. die
Einleitung vor *le Grands Fabliaux ou Contes du
XII. et XIII. Siecle.*

Pan, der grofse Pan, II. 18. Eine im Munde
Scherasmins fast zu gelehrte Anspielung auf das bekannte Mährchen von dem Ägyptischen Schiffer Thamos, dem, als er einst, unter der Regierung des Kai-

sers Tiberius, an den Echinadischen Inseln vorbey
fuhr, nach einer plötzlich erfolgten Windstille eine
Stimme von den Paxischen Inseln her zu dreyen Mahlen befahl: so bald er den Hafen Pelodes (an der
Küste von Epirus) erreicht haben würde, sollte
er mit lauter Stimme ausrufen: Der grofse Pan
sey gestorben. Thamos hatte diesen seltsamen
Auftrag wieder vergessen, als er durch eine abermahlige Windstille, die ihn im Angesicht des Hafens
Pelodes befiel, daran erinnert wurde: und kaum
hatte er den Tod des grofsen Pans ausgerufen,
so liefs sich ein grofses Wehklagen und Gewinsel
in der Luft hören, wie von unsichtbaren Personen,
die an dieser Nachricht ganz besondern Antheil nähmen, und ihr Erstaunen und Leidwesen darüber bezeigten. Das merkwürdigste an dieser schönen Geschichte ist, dafs Plutarch in seiner Abhandlung
von den Ursachen, warum die Orakel aufgehört hätten, sie einem gewissen Ämilianus in den Mund
legt, der sie von seinem Vater, als einem unmittelbaren Augen- und Ohrenzeugen, gehört zu haben
versicherte. — Übrigens ist es, in Rücksicht des
bekannten Gebrauchs, welcher in der Folge von dieser Erzählung gemacht wurde, eben nicht unmöglich,
dafs Scherasmin gelegentlich von seinem Pfarrer etwas
von ihr gehört haben könnte, wiewohl ihm nichts
davon im Gedächtnifs geblieben, als die isolierte Vorstellung, wie still und todt es auf einmahl in der
Natur werden müfste, wenn der grofse Pan wirklich zu sterben kommen sollte.

Pär (*Pair*) des Reichs, I. 48. Es bedarf wohl kaum erinnert zu werden, dafs unser Dichter auch hier, da sein Held sich (als Herzog von Guyenne oder Aquitanien) einen Pär des Reichs nennt, in der 49sten Stanze von Fürsten des Kaiserreichs spricht, und in dieser Qualität das Recht seinen Ankläger zum Zweykampf heraus zu fordern geltend macht, nicht der Geschichte, sondern den Ritterromanen von *Charlemagne* folgt, welche wahrscheinlich erst im XII. und XIII. Jahrhundert ausgeheckt wurden. Der unbekannte Mönch, der seinen aus den abenteuerlichsten Erdichtungen zusammen gestoppelten Roman *de Gestis Caroli M. et Rolandi*, um ihm das Ansehen einer wahren Geschichte zu geben, dem Erzbischof Tilpin von Rheims (den er Turpin nennt) unterschob, hatte so wenig Kenntnifs und Begriff von Karl dem Grofsen und seiner Regierung, dafs er nicht nur die Gebräuche, Sitten und Lebensweise der so genannten Ritterzeiten, sondern sogar die ganze Verfassung von Frankreich, wie er sie unter Ludwig VII. und Filipp August (unter deren Regierung er lebte) fand, in die Zeit jenes grofsen Königs der Franken hinüber trägt. Daher denn auch die vorgeblichen zwölf Pärs desselben, die in diesen Romanen als die zwölf grofsen erblichen Kronvasallen erscheinen, da man doch damahls eben so wenig von Erb-Kronvasallen als von bestimmten Vorzügen und Vorrechten einiger derselben vor allen übrigen wufste, indem alle vom König unmittelbar belehnte Baronen eben darum, weil sie alle einander **gleich** waren, *Pares Franciae* hiefsen, und, in so fern ein jeder nur von seines gleichen gerichtet werden konnte, den Hof der Pärs, *la Cour des Pairs* ausmachten. Von **wem** und zu welcher **Zeit** die ehemahls ungeheure Menge der Baronen oder **Pärs** von Frankreich auf **zwölf** (sechs geistliche und sechs weltliche ²) eingeschränkt worden, ist eine eben so problematische oder vielmehr unauflösbare Frage in der Französischen Geschichte, als der Ursprung der Kurfürsten in der Deutschen: aber so viel ist gewifs, dafs von diesen zwölf Pärs erst unter Ludewig VII. Erwähnung geschieht. S. *Les Moeurs et Coutumes dans les differens tems de la Monarchie Franç. au Tome VI. de l'Hist. de France de le Gendre.*

Recke, III. 47. Ein veraltetes Wort für **Riese**. Es wurde ehemahls auch von andern tapfern und streitbaren Männern gebraucht, und die alten **Sueven** werden in dieser Bedeutung in dem Lobgesang auf den Heiligen **Anno** St. 19. gute **Reckin** genannt.

---

²) **Jene** waren, der Erzbischof Herzog von **Rheims**, der Bischof Herzog von **Laon**, der Bischof Herzog von **Langres**, der Bischof Graf von **Beauvais**, und die Bischöfe von **Chalons sur Marne** und von **Noyon**; **Diese**, die drey Herzoge von **Burgund**, **Normandie** und **Guyenne**, und die drey Grafen von **Flandern**, **Champagne** und **Toulouse**.

In den alten Isländischen Mythen heifsen ihre Heerführer oder Landeshauptleute (Könige) *Landrecken*.

Rennen, I. 35. „Bey einem offnen Rennen," d. i. in einem Turnier; ein in dem alten Amadis aus Gallien und ähnlichen Werken häufig vorkommendes Wort. Noch gewöhnlicher hiefs es ein Stechen, Stechspiel, Ritterstechen; daher Stechhelm, ein Turnierhelm, der das ganze Gesicht bedeckte und nur zum Sehen und Athmen Öffnungen hatte, — Stechpferd, ein starkes zum Turnieren abgerichtetes Pferd, Stechbahn, Stechzeug, u. s. w. ein scharfer Stecher, III. 12. Reiten wurde ebenfalls als ein Synonym von turnieren, oder eine Lanze mit einander brechen, gebraucht; daher ein Ritt, III. 10. Für Turnier wurde damahls auch Turney gesagt: II. 19. im Feld und im Turney.

Schimpf, I. 26. „In Schimpf und Ernst," d. i. in Ritterspielen und in gefährlichen Abenteuern, wo Leib und Leben gewagt wurde. — Schimpf wird hier in der veralteten Bedeutung von Spiel und Scherz gebraucht. Noch im 15ten Jahrhundert waren scherzen und schimpfen gleichbedeutend. So heifst es zum Beyspiel (nach Adelungs Zeugnifs) in einer zu Strafsburg 1466 gedruckten Deutschen Bibel: „Abimelech sah in (ihn, den Isaak) schimpfen mit Rebekka seiner Hausfrauen." — Es wird aus Schimpf noch Ernst werden, ist eine Redensart, die noch itzt in Oberdeutschland zuweilen gehört wird.

Stange, für Speer oder Lanze, V. 65. kommt in dieser Bedeutung noch in Luthers Bibelübersetzung vor, Matth. 26, 47.

Stapfen, einher stapfen, VI. 42. ein veraltetes' aber mahlerisches Wort, für stark und fest auftreten.

Sultanin, IX. 5. (*Sequin*) eine Türkische Goldmünze, deren Werth hier, wo es auf eine sehr genaue Bestimmung nicht ankommt, etwa einem Goldgülden oder halben Maxd'or gleich angenommen werden kann.

Ventregris, II. 20. Ein nur in Scherasmins Munde duldbarer, wiewohl ehemahls dem König Heinrich IV. von Frankreich sehr geläufiger, Gaskonnischer Schwur, statt *Ventre-Saint-Gris*.

Verdriefs, I. 41. Die alte Form des Wortes Verdrufs, welche hier mit gutem Bedacht der gewöhnlichen vorgezogen worden ist.

Verluppt, III. 36. „Ganz in verlupptem Stahl," d. i. in bezauberten Waffen. Luppen, verluppen hiefs in der alten Allemannischen Sprache vergiften; daher verlüppte Pfeile. Weil aber, wie Wachter wohl anmerkt, im gemeinen Volksglauben giftmischen und zaubern verwandte und associierte Begriffe sind, so bekamen die Worte luppen, verluppt, auch die Bedeutung von zaubern und bezaubert. So sagt zum Beyspiel König Tyrol (beym Goldast:)

Der konnte luppen, (d. i. zaubern) mit die (dem) Speer;

und der Dichter Nithart (ebenfalls in Goldasts *Paraenet.*) Zöverluppe für Zauber, *fascinum magicum.*

Versehen, IV. 63. Etwas versehen, d. i. schicken, verfügen, kommt in dieser veralteten Form und Bedeutung öfters in Luthers Bibel vor.

Versteinen, VIII. 61. zu Stein werden, statt des gewöhnlichen versteinern, wo das r in der Endsylbe überflüssig und sogar unrichtig ist. Wenn man verbessern, verschönern, verkleinern, vergrösern sagt, so geschieht es darum, weil etwas besser, schöner, kleiner, gröser werden soll als es war. Bey versteinen hingegen ist die Rede nicht davon, etwas noch steinerner als es ist, sondern etwas, das kein Stein war, zum Stein zu machen.

Unangemuthet, III. 39. d. i. ohne eine Anmuthung zu dieser Person zu spüren, ohne dafs sein Herz ihm etwas für sie sagt, ohne dafs sie ihn interessiert. Muth, (*Mod, Muat, Muoth*) hiefs bey den alten Angelsachsen, Franken und Allemannen *animus bene vel male adfectus*, das Gemüth, oder was wir figürlich das Herz nennen, und Muthen war so viel als das Gemüth in Bewegung setzen, anziehen. Daher Anmuth, was unser Herz anspricht, anzieht. Das Zeitwort anmuthen scheint also vorzüglich dazu geschickt zu seyn, wenigstens in vielen Fällen die Stelle des fremden und unsern Puristen anstößigen interessieren zu ersetzen; zumahl wenn unsre Schriftsteller sich entschlössen, dieses Wort in dem Sinne, worin es ansinnen oder zumuthen (d. i. verlangen daſs ein anderer über eine gewisse Sache eben so gemuthet sey wie wir) heißt, nie wieder zu gebrauchen. Von etwas angemuthet oder unangemuthet seyn oder werden, wäre diesem nach so viel als davon interessiert oder nicht interessiert werden: und in diesem Sinne scheint unser Dichter das von ihm vermuthlich zuerst gebrauchte Wort unangemuthet genommen zu haben.

Wage, V. 72. VII. 22. für das, was man bey einer Entschließung wagt. Wage ist in dieser Bedeutung ein zwar veraltetes, aber wenn es am rechten Orte steht, jedem verständliches, und kaum entbehrliches Altdeutsches Wort. Auch Wagestück, welches in einigen Provinzen noch gehört wird, für eine gefahrvolle Unternehmung, verlangt mit gleichem Recht wieder in Umlauf zu kommen.

Wehre für Gewehre, I. 43. — Wörter, die in der Dichtersprache erhalten zu werden verdienen.

Wehrgeschmeide, III. 4. für Waffenschmuck, Waffenrüstung.

Weib, III. 58. „da steht vor ihm ein göttergleiches Weib," — wird hier in der Altdeutschen Bedeutung gebraucht, vermöge deren es, wie das Griechische *gyne*, eine jede Frauensperson, ohne Rücksicht auf Geburt, Stand und Alter bezeichnet. So kommt das Wort Wib beständig bey den Minnesängern vor, wiewohl schon Walther von der Vogelweide in einem seiner schönsten Lieder sich sehr darüber ereifert, daſs man zu seiner Zeit (im 13ten Jahrhunderte) schon einen Unterschied zu machen anfing, weil die vornehmern nicht mehr Weiber sondern Frowen (Frauen) heiſsen wollten. Indessen sagen noch itzt in Oberdeutschland Personen von Stande, wenn von ihres gleichen die Rede ist, — „Sie ist ein schönes Weib;" und auch in unsrer neuern Dichtersprache ist das Wort Weib von mehrern wieder in seine alte Würde eingesetzt worden. Denn, wie der eben benannte edle Minnesänger sagt:

Wib muſs immer sin der Wibe höhster Nahme.

ENDE DES OBERON.

Leipzig

gedruckt bey Georg Joachim Göschen.

www.ingramcontent.com/pod-product-compliance
Lightning Source LLC
Chambersburg PA
CBHW031855220426
43663CB00006B/637